Lesen in der Schule mit dtv junior

Außenseiter!?

Unterrichtsvorschläge für die Klassen 5–10

Konzeption: Hannelore Daubert

Texte von Hannelore Daubert, Anja Dorst,
Gabriele von Glasenapp, Alexander Joist,
Christine Klostermann, Annett Reiche, Britta Sauerwein,
Gudrun Stenzel, Wilfried Wittstruck, Ursula Zierlinger
sowie von Lehramtsstudierenden der
Universität Frankfurt/Main

Deutscher Taschenbuch Verlag

Herausgegeben von dtv junior und Hannelore Daubert in Zusammenarbeit mit dem Institut für Jugendbuchforschung, Frankfurt am Main.

Hannelore Daubert ist Studienrätin im Hochschuldienst am Institut für Jugendbuchforschung der Frankfurter Universität, Autorin und Herausgeberin zahlreicher Publikationen zur Kinder- und Jugendliteratur und ihrer Didaktik.

Bei dtv junior sind mehrere Lehrertaschenbücher mit Unterrichtsvorschlägen für die **Primarstufe** (Klasse 1–4) und für die **Sekundarstufen** sowie einzelne **Sondermodelle** lieferbar. Nähere Informationen zum Inhalt der Lehrertaschenbücher finden sich im dtv junior-Gesamtverzeichnis und im Internet unter www.dtvjunior.de und www.dtv.de/lehrer.
Zahlreiche Unterrichtsvorschläge stehen dort auch zum kostenlosen Download zur Verfügung.

Lehrertaschenbuch 20:
Unterrichtsvorschläge für die Klassen 5–10
Außenseiter!?
In neuer Rechtschreibung
2. Auflage Januar 2006
www.dtvjunior.de

Redaktion: Cathrin Zeller-Limbach
Umschlagkonzept: Balk & Brumshagen
unter Verwendung eines Fotos von Jan Roeder
Gesamtherstellung: Kösel, Krugzell
Printed in Germany · ISBN 3-423-08120-1

Inhalt

Leseförderung mit Jugendliteratur
(Hannelore Daubert) 5

Unterrichtsvorschläge:

1. KATE DICAMILLO:
Winn-Dixie (70771)
5. Klasse
(Gudrun Stenzel) 11

2. SIGRID ZEEVAERT:
Mehr als ein Spiel (70718)
5./6. Schuljahr
(Lehramtsstudierende der Universität Frankfurt/Main) 26

3. MARJALEENA LEMBCKE:
Als die Steine noch Vögel waren (70627) – vergriffen
5./6. Schuljahr
(Anja Dorst/Britta Sauerwein) 37

4. MARGARET PETERSON HADDIX:
Schattenkinder (70635)
5.–7. Schuljahr
(Gabriele von Glasenapp/Christine Klostermann) ... 70

5. Amy Goldman Koss:
Vorsicht Freundinnen! (70759)
5.–7. Schuljahr
(Annett Reiche/Ursula Zierlinger) 93

6. Henning Mankell:
Der Hund, der unterwegs zu einem Stern war (70671)
6./7. Schuljahr
(Alexander Joist) 121

7. Jerry Spinelli:
East End, West End und dazwischen
Maniac Magee (70727)
6.–8. Schuljahr
(Wilfried Wittstruck) 143

8. Per Nilsson:
So lonely (78134)
8.–10. Schuljahr
(Hannelore Daubert) 172

Hinweise für Lehrer 183

Leseförderung mit Jugendliteratur

Wie man weiß, bescheinigen die Ergebnisse der PISA Studie den deutschen Jugendlichen erhebliche Defizite in der Lesekompetenz und darüber hinaus auch ein sehr schwach ausgeprägtes Leseinteresse. Über 43% der in der PISA Studie befragten Jugendlichen gaben an nicht zum Vergnügen zu lesen und wurden dabei im internationalen Vergleich von keiner anderen Gruppe übertroffen. Dieses Ergebnis unterstreicht einmal mehr die Notwendigkeit, im Deutschunterricht alle Möglichkeiten auszuschöpfen, um Lesefreude und Lesemotivation der Schülerinnen und Schüler zu wecken und/oder auch zu erhalten. Die Förderung der Lesekultur in der Freizeit gehört zu den vordringlichsten Aufgaben des Deutschunterrichts im Medienzeitalter. Dabei spielt die moderne Kinder- und Jugendliteratur in ihrer reichen Themen-, Formen und Funktionsvielfalt eine ganz entscheidende Rolle im Unterricht aller Schulstufen und Schularten.

Heranwachsende lesen in erster Linie thematisch orientiert und hierin liegt die besondere Chance der Jugendliteratur, ein Leseinteresse zu wecken, das auch über den Unterricht hinausreicht. Denn Kinder- und Jugendliteratur behandelt Themen aus dem Erfahrungsbereich von Jugendlichen, die für sie von besonderem Interesse sind. Dadurch trifft sie – eher als die intentionale »Erwachsenenliteratur« – auf die Bereitschaft und auch die Lust, sich mit einer literarischen »Großform«, einem Jugendroman, zu beschäftigen.

Ein großer Teil der modernen Jugendliteratur unterscheidet sich heute in der Wahl der literarästhetischen Gestaltungsmittel nicht mehr von der intentionalen »Erwachsenenliteratur«. Durch die Zunahme an literarischer Komplexität und Qualität lassen sich im Umgang mit modernen Jugendromanen gleich zwei wichtige literaturdidaktische Intentionen realisieren: die Förderung der Lesemotivation durch die inhaltliche Attraktivität und den Lebensweltbezug der Texte sowie die Förderung der literarischen Kompetenz im Umgang mit komplexen literarästhetischen Gestaltungsmitteln, wie sie auch der moderne Roman generell aufweist.

Die Auswahl der in diesem Band versammelten modernen Kinder- und Jugendromane von anerkannten und namhaften Autorinnen und Autoren ist im Hinblick auf Form und Inhalt von besonderer didaktischer Relevanz und repräsentiert die thematische und stilistische Vielfalt der modernen Kinder- und Jugendliteratur. Ihre besondere literarische Qualität zeigt sich schon daran, dass die meisten Titel für Literaturpreise nominiert oder mit Literaturpreisen ausgezeichnet wurden. So waren beispielsweise folgende Titel für den Deutschen Jugendliteraturpreis (den wichtigsten und einzigen Staatspreis für Kinder- und Jugendliteratur in Deutschland) nominiert: Marjaleena Lembcke: ›Als die Steine noch Vögel waren‹, Jerry Spinelli: ›East End, West End und dazwischen Maniac Magee‹, Kate DiCamillo: ›Winn-Dixie‹. Zwei Bücher wurden mit dem begehrten Preis ausgezeichnet: ›Der Hund, der unterwegs zu einem Stern war‹ von Henning Mankell und ›So lonely‹ von Per Nilsson. In beiden Fällen handelt es sich um Übersetzungen aus dem Schwedischen.

Thematisch repräsentieren die ausgewählten Romane in unterschiedlicher Erzählweise und mit unterschiedlicher inhaltlicher Akzentuierung ein gängiges literarisches Motiv, das auch für die jungen Leser von zeitloser Aktualität ist: »Außenseiter sein – anders sein«.

Der Begriff des Außenseiters wird hier bewusst weit gefasst und meint ganz unterschiedliche Erscheinungsweisen und Ausprägungen des Andersseins: So gibt es beispielsweise ernste Figuren, die unter ihrer Situation leiden, ebenso wie komische, die sich einfach nur unangepasst verhalten und sich damit selbst zum Außenseiter machen, es gibt freiwillige und unfreiwillige Außenseiter und dabei auch tragische und komische Helden. Eng verknüpft mit dem Motiv des Außenseiters sind Themen wie Integration und Ausgrenzung, Toleranz und Mitmenschlichkeit, die Entwicklung und Identitätsfindung der Protagonisten in der Auseinandersetzung mit ihrer Umwelt, Erwachsenwerden, Einsamkeit, Selbstverantwortung, Zivilcourage sowie Themen wie Freundschaft und Liebe.

Aus der Perspektive der älteren Schwester erzählt Marjaleena Lembcke in ›Als die Steine noch Vögel waren‹ voller Sensibilität die Geschichte des behinderten kleinen Bruders, der ganz eigene Vorstellungen von der Welt hat. Das Anderssein des Bruders wird von allen Familienmitgliedern nicht als Belastung, sondern als Gewinn und Geschenk erfahren. In Kate DiCamillos Kinderroman ›Winn-Dixie‹ wird ein streunender Hund zum Glücksbringer für die 10-jährige Opal und ihren Vater, die beide mit der Tatsache zurechtkommen müssen, dass die Mutter die Familie verlassen hat. Mithilfe von Winn-Dixie, dem Hund mit dem

»Lächeln«, schließen sie Freundschaften und helfen anderen einsamen Menschen.

Auch Joel in Henning Mankells Roman ›Der Hund, der unterwegs zu einem Stern war‹ lebt allein mit seinem Vater, seit die Mutter die Familie verlassen hat, und leidet unter diesem Verlust. Das Buch gewinnt seine Spannung aus der problematischen Freundschaft Joels mit einem Jungen, der einen großen und gefährlichen Einfluss auf ihn ausübt und der ihn dazu animieren will, den Außenseitern der Stadt zu schaden. ›Der Hund, der unterwegs zu einem Stern war‹ ist ein spannend erzählter Entwicklungsroman, in dem der Protagonist im Umgang mit einem falschen Freund über sich hinauswächst und einen Zuwachs an innerer Stärke erfährt.

Auch die beiden Protagonistinnen in dem Kinderkrimi ›Mehr als ein Spiel‹ geraten vorübergehend in Gefahr, als sie sich an die Verfolgung einer Bande von Jugendlichen machen, die Jüngere erpresst und zu Diebstählen animiert. Dieser leicht zu lesende Roman gewinnt seine Attraktion für die jungen Leserinnen und Leser weniger aus der psychologischen Figurenzeichnung als aus der spannenden aktionsreichen Handlung.

Der Junge »Maniac Magee« in Jerry Spinellis Roman ›East End, West End und dazwischen Maniac Magee‹ ist ein Ausreißer, der sich auf unbekümmerte Weise über die unsichtbare Grenze hinwegsetzt, die zwischen den Stadtteilen der Schwarzen und der Weißen gezogen wurde. Ohne Furcht und Vorurteile schafft er es sogar, zum Helden beider Gruppen zu werden.

Der 12-jährige Luke in dem spannenden Science-Fiction-Roman ›Schattenkinder‹ muss als drittes Kind in einer Gesellschaft, deren Bevölkerungsgesetz nur zwei Kinder pro

Familie erlaubt, ein Schattendasein führen, denn beim Verstoß gegen dieses Gesetz drohen drakonische Strafen. Die Begegnung mit einem anderen Schattenkind, das über Internet den Kontakt zu weiteren Leidensgenossen sucht, setzt folgenschwere Aktivitäten in Gang – ein Buch über den Umgang mit einem totalitären Regime, über Freundschaft, Selbstvertrauen und Zivilcourage.

Um Ausgrenzung aus der tonangebenden Mädchenclique und um Selbstbehauptung gegenüber ihrer Wortführerin, um In-Sein und den Wunsch nach Akzeptanz geht es in dem vor allem psychologisch interessanten Roman ›Vorsicht Freundinnen!‹.

In dem preisgekrönten Jugendroman ›So lonely‹ muss der etwa 17-jährige Protagonist die Erfahrung machen, für kurze Zeit »außen vor« zu sein, weil er nicht wahrhaben will, dass seine erste innige Liebe nicht erwidert wird. Dieser moderne Adoleszenzroman erzählt vom Liebeskummer eines jungen Mannes, der seine Trauer und Enttäuschung über den Verlust einer Beziehung verarbeiten muss, und erinnert dabei an die ›Leiden des jungen Werther‹ in modernisierter Form. Eine »faszinierende Umsetzung von Gefühlen als Film im Kopf« – so beschreibt die Süddeutsche Zeitung diesen erzählerisch außergewöhnlichen Roman.

Die Auswahl der Bücher orientiert sich an der übergeordneten Zielsetzung, ein Leseinteresse zu wecken, das auch über den Unterricht hinausreicht. Von daher sind leicht zugängliche Kinder- und Jugendromane, die vor allem das legitime Bedürfnis nach Spannung und Unterhaltung bedienen (›Mehr als ein Spiel‹, ›Schattenkinder‹, ›Vorsicht Freundinnen!‹) ebenso zu finden wie literarisch komplexe, psychologische Jugendromane, die durch stilistisch anspruchsvolle und innovative Erzählweisen über die inhaltliche Attraktivität hinaus einen Beitrag leisten können zur Entwicklung von literarischer Kompetenz (›So lonely‹, ›Der Hund, der unterwegs zu einem Stern war‹).

Alle in diesem Band vorgestellten Unterrichtsmodelle wurden praktisch erprobt und stießen bei den Schülerinnen und Schülern auf großes Interesse. Die Unterrichtsvorschläge enthalten – neben Textanalysen und didaktischen Überlegungen – eine Vielzahl methodischer Anregungen, die möglichst unterschiedlichen Lern- und Begabungstypen gerecht werden sollen und von daher handlungs- und produktionsorientierte Verfahren mit reflexiv-analytischen kombinieren. Darüber hinaus finden sich Arbeitsblätter und Materialien für die Hand der Schüler. Materialien *von* Schülern dokumentieren die Vielfalt ihrer Rezeptionsaktivitäten und regen zur eigenen Produktion an.

Hannelore Daubert

Unterrichtsvorschläge

UNTERRICHTSVORSCHLAG 1
GUDRUN STENZEL

Kate DiCamillo:
Winn-Dixie (70771)
Aus dem Amerikanischen von
Sabine Ludwig
4./5. Schuljahr

Die zehnjährige India Opal trifft im Supermarkt Winn-Dixie auf einen streunenden Hund, der dort die Gemüseabteilung in ein Chaos verwandelt hat. Einem spontanen Einfall folgend nimmt sie ihn mit und der verwahrloste, verhungert aussehende Hund, den sie auf den Namen Winn-Dixie tauft, schafft es durch sein unnachahmliches Grinsen und seine offensichtliche Bedürftigkeit, das Herz ihres Vaters zu erobern, so dass er bei ihr bleiben darf. Winn-Dixie wird in den folgenden Wochen zum Glücksbringer für Opal und ihren Vater: Sie lernen mit der Tatsache zurechtzukommen, dass Opals Mutter die Familie verlassen hat, sie schließen Freundschaften und helfen anderen einsamen Menschen.

Zum Text

Inhalt

India Opal Buloni ist die Tochter eines Baptistenpredigers einer kleinen Gemeinde in Florida. Erst vor kurzem ist sie mit ihrem Vater hierher gezogen, sie ist einsam, vermisst ihre Freundinnen und vor allem ihre Mutter, an die sie sich nicht erinnern kann. Ihre Mutter hat sie und den Vater verlassen, als Opal noch ein Baby war, da sie das enge, von den Gemeindemitgliedern kritisch beobachtete Leben als Frau eines Predigers nicht ertragen konnte. Seitdem hat sich der Vater sehr in sich zurückgezogen. Opal beschreibt ihn als Schildkröte, die den Kopf in den Panzer zieht. Doch ist deutlich, dass er ein liebevoller Vater ist, der sich sehr um die Erziehung seiner Tochter bemüht.

Opal, die einen großen Teil der Besorgungen übernimmt, da ihr Vater (liebevoll genannt »der Prediger«) meist mit dem Vorbereiten von Predigten beschäftigt ist und sich nicht um Dinge wie fehlende Nudeln oder Tomaten kümmert, gerät in ein turbulentes Chaos in der Gemüseabteilung des Supermarktes »Winn-Dixie«: Ein streunender Hund hat den Weg dort hinein gefunden und wirft ein Warendisplay nach dem anderen um. Der Hund »lacht« Opal an mit heraufgezogenen Lefzen, sie kann nicht widerstehen: »In einen Hund, der Sinn für Humor hat, muss man sich ganz einfach verlieben« (S.10), und sagt, einem spontanen Einfall folgend, der Hund gehöre ihr. Wider Erwarten erlaubt der Vater ihr schnell, dass der Hund bei ihnen im Wohnwagenpark bleiben dürfe: Auch er wurde vom Lachen des Streuners bezirzt.

Zuerst ist Winn-Dixie, wie Opal den Hund nach seinem Fundort nennt, vor allem ein erster Freund in der neuen Umgebung, doch nach und nach wird er zum Anknüpfungspunkt für Kontakte mit anderen Menschen: da er nicht alleine bleiben mag, überredet Opal die reizende alte Bibliothekarin Miss Franny Block dazu, dass er mit in die Bücherei darf, und schließt so mit ihr Freundschaft. Als sie ein Hundehalsband kaufen will, aber nicht genug Geld dafür hat, schließt sie mit dem Verkäufer im Zoogeschäft, dem einsamen und scheuen Otis, einen Handel: Sie putzt das Geschäft und arbeitet so ihre Schulden ab. Die beiden schließen Freundschaft. Winn-Dixies ungestümes Verhalten bringt sie beide in den Garten der als Hexe verschrienen Gloria Dump, die die nächste Freundin wird. Auch mit Kindern kommt Opal durch Winn-Dixie in Kontakt: Mit den sie nervenden Brüdern Dunlap und Stevie und mit dem »Kneifzangengesicht« Amanda, denn ihre erwachsenen Freunde zeigen ihr, dass die sie störenden Verhaltensweisen Ausdruck von Unsicherheit, aber auch von verborgenem Kummer sind.

Am Ende feiern alle eine Party, die zwar buchstäblich ins Wasser fällt, aber nichtsdestotrotz alle einander nahe bringt. Einen Teil dazu tragen sicherlich Littmus' Lutschbonbons bei, eine Süßigkeit, die Franny Blocks Urgroßvater einst erfand und die neben den üblichen Bonbon-Zutaten eine geheime enthält, die jeden Menschen seine Traurigkeit, seinen Kummer schmecken lässt: Die fünfjährige Sweetie Pie, die sich sehnlichst einen Hund wünscht, spuckt den Lutschbonbon sofort aus, denn er schmeckt danach, keinen Hund haben zu dürfen. Die Größeren aber schmecken in ihren Kummer hinein, spüren ihm nach und fühlen die erlösende und befreiende Wirkung des Weinens.

Während eines Gewitters, das die Party aus dem Garten nach drinnen vertreibt, verschwindet Winn-Dixie, der extreme Angst vor Donner hat. Opal und ihr Vater suchen ihn gemeinsam und diese gemeinsame Suche bringt sie sich noch ein bisschen näher: Der Vater hat viel von seiner Schildkrötenhaltung verloren, Opal traut sich mehr und mehr, nach ihrer Mutter zu fragen. Dass Winn-Dixie am Ende wohlbehalten im Trockenen gefunden wird, ist eine Erleichterung auch für die Leser, denn niemand möchte Opal nun, da ihr Leben reich an Freundschaften wird, einen neuen Verlust zumuten.

Aufbau, Struktur und Sprache

Das 139 Seiten umfassende Buch gliedert sich in 26 Kapitel, die jeweils zwischen vier und sechs Seiten lang sind. Jedes Kapitel bildet für sich eine Einheit, die zum Anlass für Unterrichtsgespräche und andere Aktivitäten genommen werden kann, aber es lassen sich auch je drei bis vier Kapitel zu einer Handlungseinheit zusammenfassen, je nach Lesevermögen der Schüler.

Erzählerin ist Opal und die Perspektive einer Zehnjährigen ist konsequent und nachvollziehbar eingehalten. Die Erzählung folgt der Chronologie der Ereignisse, es gibt keine Rückblicke, Perspektiven- oder Schauplatzwechsel. Doch sind Geschichten und kleine philosophische Betrachtungen eingestreut, die den Handlungsgang kurz unterbrechen und so die Spannung erhöhen, aber auch die Aussage des Buches verstärken. So erzählt Miss Franny von ihrem Urgroßvater, der im Bürgerkrieg seine ganze Familie verlor und daraufhin die kummerhaltigen Lutschbonbons erfand:

eine Anklage gegen den Krieg, die von Opal gedanklich wieder aufgenommen wird, als sie den Brüdern Dunlap und Stevie begegnet: »Dunlap und Stevie spielten im Vorgarten Fußball und ich wollte ihnen gerade die Zunge rausstrecken, aber dann fiel mir ein, was Miss Franny über den Krieg gesagt hatte, dass er die Hölle sei, und ich dachte daran, dass Gloria Dump gesagt hatte, ich solle nicht zu hart über die Jungs urteilen. Also winkte ich stattdessen.« (S. 91)

Insofern stellt der Aufbau des Buches keine sehr großen Anforderungen an die Lesefähigkeit von 10- bis 11-Jährigen, bietet aber doch zahlreiche Anknüpfungspunkte zwischen verschiedenen Textpassagen, die für geübte Leser Anreize zur Auseinandersetzung mit dem Text darstellen. Dies gilt auch für die Sprache: Dialoge, klare Beschreibungen konkreter Personen, Situationen und Schauplätze, witzige und anrührende Details und übersichtliche Schilderungen der Handlungsabläufe ermöglichen auch nicht allzu geübten Lesern eine befriedigende Lektüre. Doch der latent vorhandene märchenhafte Charakter des Geschehens bietet Deutungsmöglichkeiten, die den Dingen und den Personen Symbolcharakter zuweisen und so eine Auseinandersetzung mit dem Text auf einer anderen Ebene ermöglichen. So kann das Buch eine befriedigende Klassen- oder Gruppenlektüre für Leser unterschiedlicher Lesekompetenz sein.

Didaktische Überlegungen

Das Buch beginnt mit einer ausgesprochen komischen Situation. Man stolpert sozusagen hinein in das Geschehen, so wie Opal in die Begegnung mit Winn-Dixie hineinstolpert.

Diese komische Situation stellt eine Unordnung dar, die für Kinder bestechend ist, die sie vermutlich gerne auch einmal erleben würden. Und sie nimmt der eigentlich traurigen Ausgangssituation die Härte: Opal hat bereits ihren Freund und Glücksbringer getroffen, wenn die Leserinnen und Leser die ersten Details ihrer Einsamkeit erfahren. Diese wiederum ist für Kinder immer nachvollziehbar. Auch wenn die kindlichen Leser nicht unbedingt genau die Form von Einsamkeit kennen, die Opal traurig macht, so kennen sie doch alle den einen oder anderen Verlust. Auch kennen sie sicher Menschen, die aus ähnlichen Gründen einsam und dadurch Außenseiter sind, wie Opals neue Freunde.

Diese Thematisierung von Einsamkeit und Außenseitersein ist eingekleidet in eine witzige, freundlich-sentimentale und turbulente Geschichte. Dadurch wird das Thema der Einsamkeit nicht so bedrohlich. Zugleich bietet das Buch unaufdringliche, warmherzige Lektionen für den Umgang miteinander: Es zeigt, wie man Verlust ganz praktisch und undramatisch verarbeiten kann, und es zeigt, dass man den anderen möglichst vorurteilsfrei begegnen sollte, auch um selber nicht zu vereinsamen.

Opal kann sich erst aus ihrer Einsamkeit befreien, als sie den Gleichaltrigen mit Offenheit begegnet und bereit ist deren Verhalten nicht mit einer Messlatte zu bewerten, die nach Perfektion sucht. Auch diese befreien sich aus den eigenen Vorurteilen.

Die Kinder streifen recht selbstständig im Ort umher. Opal zeigt Interesse und Anteilnahme an den Geschichten und Schicksalen der Menschen. Sie kann, mithilfe der Erwachsenen, von ihrem eigenen Unglück zurücktreten und ihr eigenes Schicksal relativieren, wenn sie etwas über andere und deren Leid erfährt. Dieser Prozess, der einfühlsam, aber ohne Zeigefinger beschrieben wird, ist ein für den Verlauf der Vorpubertät wichtiger Prozess. Die Kinder setzen sich bewusst mit ihrer Position in der menschlichen Gemeinschaft auseinander, stellen Bezüge her und vergleichen ihre Empfindungen, ihre Nöte, ihre Träume mit denen der anderen. Diese sensible und humorvolle Darstellung von Entwicklungsaufgaben und ihrer Lösung macht das Buch spannend für Kinder ab etwa zehn Jahren. Die kindliche Impulsivität, die Lust an spontanen Unterhaltungen und Überraschungen, die Anhänglichkeit an Eltern und andere Erwachsene wiederum kennzeichnen eben dieses Alter vor der umfassenderen Autonomiesuche der Pubertät: Noch sind sie Kinder, aber eben keine kleinen mehr.

Das Buch ist eine ideale Lektüre für die ersten Wochen des fünften Schuljahres: Die Kinder sind alle in einer neuen Umgebung, auch wenn sie einige Freunde aus der Grundschule in der weiterführenden Schule wiedertreffen. Sie müssen sich mit neuen Mitschülern auseinander setzen, ihre Verhaltensweisen tolerieren und möglichst vorurteilsfrei auf alle zugehen, auch auf die neuen Lehrer. Sie erleben einen Sprung hin zu mehr Autonomie und zur Entwicklung eigener moralischer Kategorien.

Allerdings wird das Buch eher Mädchen ansprechen, nicht nur weil die Protagonistin ein Mädchen ist, sondern vor allem weil Thematik und Darstellung mit ihrem Fokus auf zwischenmenschliche Beziehungen eher Mädchen interessieren. Diese Barriere kann für Jungen umgangen werden, indem in Arbeitsaufträgen das Verhalten und die Haltung der beiden Jungen bearbeitet wird.

Methodische Anregungen

Die kurzen Kapitel bieten eine Unterteilung zum Lesen und Bearbeiten an. Die hier ausgearbeiteten Vorschläge fassen jeweils mehrere Kapitel zu einer Einheit zusammen, doch diese Einheiten können problemlos wieder auseinander gezogen werden, je nach Lesevermögen der Schülerinnen und Schüler.

Kapitel 1 bis 3

Zum Einstieg bietet es sich an, diese Kapitel im Unterricht vorzulesen.

In diesen Kapiteln tritt Winn-Dixie in Erscheinung und wir lernen Opal und ihren Vater dadurch kennen, dass der Hund ihre Herzen gewinnt und ein Zuhause findet. Die Situation der beiden ist dem Leser nun auch bekannt: das Fehlen der Mutter, der Umzug, der Beruf des Vaters und ein paar Eigenschaften von Tochter, Vater und Hund.

Ein Unterrichtsgespräch zur Klärung der Ausgangssituation sollte die weitere Lektüre vorbereiten und folgende Fragen und Themen ansprechen:

- die familiäre Situation von Opal und ihrem Vater
- Leben in einem Wohnwagenpark in den USA: kein Zeichen von Armut oder Ausgegrenztsein
- Was macht ein Prediger in einer Baptistengemeinde?
- Wie gewinnt Winn-Dixie die Herzen der Menschen?

Im weiteren Verlauf kann ein großer Teil des Textes selber gelesen werden. Doch da Vorlesen auch für schon lesestarke Schülerinnen und Schüler einen großen Reiz hat und da man darauf achten muss, auch die leseschwachen Schüler »mitzuziehen«, sollte immer wieder eine Kapitelgruppe vorgelesen werden, von der Lehrkraft oder von Schülerinnen oder Schülern. Das gemeinsame Lachen über die komischen Situationen kann ein besonderer Genuss sein. Zudem stärkt auch das Zuhören die Entwicklung von Literalität.

Kapitel 4 bis 7

Opal erfährt zehn Dinge von ihrer Mama. Winn-Dixie erobert die Herzen der Baptistengemeinde und verhilft Opal zur ersten Freundin in Naomi, der Bibliothekarin Miss Franny Block. Das »Kneifzangengesicht« Amanda Wilkinson tritt auf und ist recht pedantisch, gar nicht kindlich.

Diese Kapitel bieten sich an als Grundlage für Erarbeitungen in Einzelarbeit:

> Opal vermisst ihre Mutter. Sie hat sich noch nie getraut ihren Vater nach ihrer Mutter zu fragen, doch jetzt macht sie es. Lies das Ende des dritten Kapitels noch einmal, dann beantworte folgende Fragen.
>
> I. Was oder wer hat ihr Mut gemacht, den Vater zu bitten ihr zehn Dinge über ihre Mutter zu erzählen?
> II. Welche Dinge erzählt ihr der Vater über ihre Mutter?
> III. Wer ist wohl Amanda Wilkinson? Wie stellst du sie dir vor?

Kapitel 8 bis 10

Opal lernt neue Freunde kennen: Otis und seinen Papagei und Gloria Dump. Und wir lernen weitere Kinder kennen:

Sweetie Pie, die Opal mag, und die Brüder Dunlap und Stevie, die sie nicht mag.

Um genaues Lesen zu üben und sich mit den Charakteren, mit ihrer Entwicklung und mit Opals sich wandelnder Sicht der Personen im Verlaufe der Handlung auseinander zu setzen, bietet sich hier an »Steckbriefe« anzulegen, die im Leseprozess fortgeführt werden. Jede Schülerin bzw. jeder Schüler wählt eine Person aus, die durch Zitate, aber auch durch subjektive Meinungen dargestellt wird:

In diesen Kapiteln trifft Opal verschiedene Menschen, die im weiteren Handlungsverlauf eine Rolle spielen werden. Wähle eine Person aus, die du beschreiben und charakterisieren möchtest.

I. Suche die Stellen heraus, in denen du etwas über diese Person erfährst:
   - Stellen, an denen sie oder ihre Handlungen beschrieben werden
   - Stellen, an denen Opal oder jemand anders etwas über sie sagt oder denkt

II. Sammle diese Stellen, schreibe sie ab und füge deinen eigenen Kommentar an: Ist die Person dir sympathisch oder unsympathisch? Kannst du dir ihr Verhalten erklären?

III. Male ein Bild von der Person oder einer Situation, in der sie auftritt.

IV. Tritt diese Person in anderen Kapiteln wieder auf, dann schreibe wieder die Stellen heraus und kommentiere sie.

Kapitel 11 bis 13

Auf den ersten Blick stehen Tiere im Mittelpunkt: Winn-Dixie mit seiner pathologischen Angst vor Gewitter und die Tiere im Zoogeschäft, die von Otis' Musik wie verzaubert sind. Opals Vater macht deutlich, dass man jemandem mit pathologischer Angst (oder mit sonst einem individuellen Problem) helfen muss, dass man Verständnis und Fürsorge an den Tag legen sollte (S. 60). So dienen die Beschreibungen der Tiere mit ihren intensiven emotionalen Reaktionen, der Angst und der Verzauberung, der Vorbereitung des einen zentralen Themas des Buches: Verständnis für die Schwächen und Fehler der Menschen zu haben.

Im Unterrichtsgespräch sollten diese Fragen thematisiert werden:

- Was ist pathologische Angst?
- Muss man vor jemandem, der einmal im Gefängnis war, Angst haben?
- Gibt es in der Umgebung der Schülerinnen und Schüler Menschen, die wie Gloria Dump als Hexen oder ähnlich verschrien sind? Muss man vor diesen Angst haben?
- Ist es gut für Kinder, viel mit Erwachsenen zusammen zu sein wie Opal, oder sollten sie lieber mit Kindern spielen, wie die Mutter von Stevie und Dunlap meint?
- Warum meint Gloria, dass Stevie und Dunlap nur auf eine etwas verquere Art versuchen Opals Freunde zu werden?

Als Arbeitsaufgabe für die Einzelarbeit bietet sich an sich mit Opals Geschichtensammeln zu beschäftigen:

> Opal erzählt im 12. Kapitel, dass sie Geschichten sammelt für ihre Mama. Die von Otis, der die Tiere mit seiner

Musik verzaubert, ist eine davon. Welche Geschichten könnte sie noch für ihre Mama aufschreiben? Erzähle eine nach.

Kapitel 14

Dieses Kapitel ist so entscheidend und markiert einen Wendepunkt, dass es für sich gelesen und besprochen werden sollte. Es empfiehlt sich, um alle Schülerinnen und Schüler mitzunehmen, es im Unterricht vorzulesen und anschließend zu besprechen.

Opal lernt Glorias Flaschenbaum kennen: Dadurch wird ihr zum ersten Mal wirklich bewusst, dass alle Menschen versteckte Probleme haben. Nun ist sie offen dafür, anderen ihre Schwächen und Fehler zu verzeihen, ihnen offener zu begegnen und zu sehen, dass alle ihr Päckchen zu tragen haben, nicht nur sie und ihr Vater.

Im Unterrichtsgespräch sollte der Frage nachgegangen werden, welche Dinge Menschen in ihre entsprechenden Bäume hängen könnten und welche Geister damit vertrieben werden sollen. Dies kann ein heikler Moment werden, weil Kinder hier Zugang zu den verpassten Chancen und Fehlentscheidungen auch ihrer Eltern bekommen könnten: Ob sie dies im Unterrichtsgespräch thematisieren möchten, ist nicht sicher. So empfiehlt es sich, dass die Lehrkraft Impulse gibt und neutrale Beispiele vorstellt.

Ein gemeinsames Bild eines »Geister-vertreibe-Baumes« kann diese Einheit abschließen: Ein fast raumhoher Baum wird vorbereitend auf ein Papier gemalt und die Schüler schneiden Flaschen aus Karton und bemalen und beschreiben diese mit Fehlern und verpassten Chancen, die vorher im Gespräch gesammelt wurden. Auch die Geister, die vertrieben werden sollen, sollen auf Karton gemalt werden. Alles wird in den Baum gehängt.

Kapitel 15 bis 19

Opal hört bei Miss Franny eine Geschichte aus dem Bürgerkrieg und lernt Littmus' Lutschbonbons kennen, die süß und zugleich traurig schmecken und den Menschen ihren verdrängten Kummer bewusst machen. Durch diese wunderbaren Bonbons wird auch bei Amanda das »Kneifzangengesicht« gelöst und Opal erfährt, dass sie unter dem Verlust ihres kleinen Bruders leidet, der vor einiger Zeit ertrunken ist: Nicht nur Opal hat ihre »Kummerpakete«. Und endlich traut sich Opal auch, Otis nach seinem Verbrechen zu fragen, das sich als recht harmlos erweist.

Im Unterrichtsgespräch müsste über den amerikanischen Bürgerkrieg gesprochen werden, wobei der Fokus darauf liegen sollte, dass die aus unserer Sicht »schuldigere« Seite, die Südstaatler mit dem Beharren auf der Sklaverei, genauso Opfer wurden wie die auf den ersten Blick moralisch integren Nordstaatler. Bezüge zu Kriegen der jüngeren Vergangenheit bieten sich an.

Das zentrale Thema aber in diesen Kapiteln sind die individuellen Kummerpäckchen und Pakete:

> Einige der Personen lutschen Littmus' Lutschbonbons. Welcher Kummer tritt dabei jeweils zutage?
> Nenne mindestens zwei Personen und ihren Kummer!

Kapitel 20 bis 24

Opal entwickelt die Idee von einer Party, bei der alle ihre neuen Freunde zusammenkommen und zu der sie sogar Stevie und Dunlap einladen wird, auf Wunsch von Gloria. Die Party beginnt sehr schön, doch bei einem plötzlichen Gewitter verschwindet Winn-Dixie und Opal macht sich mit ihrem Vater auf die Suche. Diese Suche, die Angst davor, den Hund verloren zu haben, bringt die beiden einander sehr nahe: Der für beide schmerzhafte Verlust der Mutter scheint sich noch einmal zu wiederholen.

Um sich etwas zu beruhigen, denkt Opal an zehn Dinge von Winn-Dixie, während sie ihn sucht. Welche sind das? Denke dir auch zehn Dinge aus von einem Menschen, den du gerne hast!

Kapitel 25 bis 26

Winn-Dixie war die ganze Zeit in Glorias Haus und so kann die Party weitergehen. Für Opal ist entscheidend, dass sie von ihrer Mama Abschied nehmen kann, jetzt, da sie Freunde gefunden hat. Sie unterhält sich zum ersten Mal »normal« mit Dunlap und hier scheint sich eine Freundschaft anzubahnen.

Abschließende Aufgaben:

Suche deine Lieblingsstelle im Buch und erzähle sie mit eigenen Worten!

Schließe deine Beschreibung und Charakterisierung

einer ausgewählten Person ab und schreibe auf, ob sie dir nun mehr oder weniger gut gefällt als zu Beginn!

Die Ergebnisse der Charakterisierungen und die Nacherzählungen der Textstellen können in ein gemeinsames Buch eingebunden oder als Wandzeitung im Klassenraum aufgehängt werden.

UNTERRICHTSVORSCHLAG 2
LEHRAMTSSTUDENTINNEN DER
UNIVERSITÄT FRANKFURT/MAIN[1]

Sigrid Zeevaert:
Mehr als ein Spiel (70718)
5./6. Schuljahr

In diesem Kinderkrimi geht es zunächst nur um einen Diebstahl. Die etwa 10 Jahre alte Frieda verleiht das Fernglas ihres Bruders an einen fremden Jungen, der es ihr nicht mehr zurückbringt. Gemeinsam mit ihrer Freundin Lisa wird sie zur Detektivin und gerät schließlich immer mehr in ein Abenteuer, das, wie der Titel schon preisgibt, »mehr als ein Spiel« ist. Zum Schluss klären die Freundinnen den kniffeligen Fall auf und rufen im richtigen Moment die Polizei.

Zum Text

Inhalt

Frieda ist den ganzen Tag alleine zu Hause, da beide Elternteile ganztägig berufstätig sind. Aus Langeweile (es sind gerade Sommerferien und ihre beste Freundin Anna ist nach Australien gezogen) stöbert sie in der Wohnung herum und findet das Fernglas ihres Bruders Bastian. Sie nimmt es mit nach draußen, um sich ihre Umgebung genauer anzusehen. Als sie die vorbeifahrenden Autos beobachtet, kommt ein Junge namens Tom auf Frieda zu und bittet sie ihm ihr Fernglas zu leihen. Er verspricht es nach einer halben Stunde zurückzubringen, was er auch tatsächlich tut. Frieda leiht es ihm erneut, da der Junge behauptet ein Geheimnis lüften zu wollen. Sie verabreden die Rückgabe für den nächsten Tag, doch Frieda wartet vergebens. Mit dem Verschwinden des teuren Fernglases fangen die Probleme an.

Nach den Sommerferien lernt Frieda Lisa kennen, die neu in die Klasse gekommen ist, und die beiden Mädchen freunden sich an. Nun hat Frieda endlich wieder jemanden gefunden, mit dem sie gemeinsam ihre Freizeit verbringen kann. Die Freude um die neu gewonnene Freundin wird jedoch durch die Sorge um das verschwundene Fernglas getrübt. Doch damit nicht genug: Frieda macht die »Bekanntschaft« mit den beiden älteren Jungen Benno und Sven, die zu einer kriminellen, gewalttätigen Jugendbande gehören. Sie bedrohen Frieda und nehmen ihr sogar Geld ab.

Mit all diesen Belastungen vertraut Frieda sich Lisa an und die beiden beschließen den Ereignissen auf den Grund zu gehen.

Zu Beginn dieses schwierigen Unternehmens versuchen Frieda und Lisa Tom ausfindig zu machen, um ihn zur Rede zu stellen und um mehr Informationen über die Jugendbande zu bekommen. Es ist allerdings schwierig, an Tom heranzukommen, da er Frieda in Gegenwart von Sven und Benno ignoriert.

Eine entscheidende Wende tritt ein, als Frieda und Lisa bei einem Einkaufsbummel einen kleinen Jungen beim Stehlen beobachten, den sie Tage zuvor schon in Verbindung mit der Bande gesehen hatten. Es gelingt ihnen jedoch nicht, den Jungen zur Rede zu stellen. Mit der Zeit stellt sich heraus, dass die Jugendbande Jüngere zum Stehlen zwingt. Bei weiteren Recherchen schlägt Tom sich auf die Seite der Mädchen und sie wollen gemeinsam dem Verbrechen ein Ende bereiten. Nach kurzer Zeit können sie den Treffpunkt der Bande ausmachen, wo alle gestohlenen Gegenstände aufbewahrt werden – auch Bastians Fernglas!

Mithilfe von Friedas Bruder gelingt es den dreien, der Polizei im richtigen Moment den entscheidenden Tipp zu geben und den »Fall« aufzuklären. Die Jugendbande wird verhaftet und Frieda, Lisa und Tom sind die strahlenden Helden.

Erzählstruktur und Sprache

Der Roman ist in elf nicht zu lange Kapitel, im Durchschnitt elf Seiten, gegliedert. Die Strukturierung in kleine Leseeinheiten ist sehr gut geeignet, um ungeübte Leser zum Lesen zu motivieren. In einer Überschrift zu jedem Kapitel ist kurz zusammengefasst, um was es im Folgenden geht. Das ermöglicht dem Leser eine inhaltliche Orientierung und macht neugierig.

Erzählt wird die Geschichte aus der Sicht der Protagonistin Frieda. Ein auktorialer Erzähler führt durch die Handlung. Die Erzählweise verläuft linear und chronologisch. Dem Leser wird durch innere Monologe Friedas ermöglicht sich in sie hineinzuversetzen, d.h. er erfährt aus Friedas Sicht ihre Wünsche, Ängste und Hoffnungen.

Die Sprache ist einfach, verständlich und kindgerecht gehalten, sie ist deshalb ansprechend für eine junge Adressatengruppe.

Didaktische Überlegungen

Der Kinder- und Jugendroman ist inhaltlich sowie formal kindgerecht. Es empfiehlt sich eine Behandlung des Romans in der 5.–6. Klasse. In diesem Alter besteht bereits ein Interesse an den inneren Beweggründen, die das Handeln der Figuren erklären. Gleichzeitig wird durch die stetig ansteigende Spannungskurve die Neugier und das Leseinteresse der Schülerinnen und Schüler geweckt. Die verschiedenen Spannungsmomente animieren zum Weiterlesen und regen die Eigenaktivität der Schüler an, die – gemeinsam mit den Protagonisten – das Geheimnis aufklären möchten. Gerade deshalb bietet sich dieser Roman an das Leseinteresse zu aktivieren und damit einen Beitrag zur Leseförderung zu leisten.

Bei der Leseförderung geht es um den Aufbau und die Sicherung der Lesemotivation, die Vermittlung der Lesefreude und Lesevertrautheit mit Büchern sowie die Entwicklung und Stabilisierung der Lesegewohnheiten.

Die vielen inhaltlichen Leerstellen geben den Schülerinnen und Schülern Gelegenheit, ihrer Fantasie freien Lauf zu lassen, und bieten eine Vielzahl von kreativen Schreibanlässen. Mithilfe von gezielten Aufgabenstellungen zur Lektüre können die Kinder textnahes Arbeiten lernen. Die Entwicklung von literarischem Verstehen und das Nachvollziehen von Gefühlen und Perspektiven kann angeregt werden. Dieser Roman zielt eindeutig darauf ab, die Lesefreude zu wecken und zu erhalten. Der Lehrer muss sogar damit rechnen, dass die Schüler den fesselnden Roman schneller zu Ende lesen, als ihm vielleicht im Zuge seiner Unterrichtsplanung recht ist. Darüber hinaus vermittelt die Lektüre Kenntnisse über Tatvorgänge und Problembewusstsein und fördert die Kommunikationsbereitschaft und -fähigkeit. Die Detektivgeschichte gibt fortlaufend Anlass zum reflektierenden Gespräch.

Mit diesem Roman werden Mädchen und Jungen gleichermaßen zum Lesen angeregt, die Mädchen durch die Protagonistin als Identifikationsfigur, die genauso selbstbewusst und mutig auftritt wie sonst die Jungen und mit ihrem sympathischen und schlauen Wesen überzeugt. Die Jungen werden eher durch die Thematik zum Lesen motiviert. Das heißt, durch den Bezug zur vertrauten Alltagsrealität wird der Erfahrungsaustausch unter den Schülern angeregt und ihrem Redebedarf entsprochen. Die Schüler können richtig in den Roman »hineintauchen« und ihrer Detektivarbeit nachgehen. Das Buch könnte ebenso als Freizeitlektüre dienen, womit der so oft herrschenden Kluft zwischen Freizeitlektüre und Schullektüre entgegengewirkt werden könnte.

Der Kinder- und Jugendkrimi greift folgende didaktisch relevanten Themenschwerpunkte auf, die ebenfalls als Diskussionsgrundlage dienen können:

– Kriminalität; Gewalt (gezwungene und ungezwungene), Erpressung, Diebstahl, Bedrohung, Jugendbanden

- Gruppenzwang
- Pubertät
- Moral
- Zivilcourage, Mut
- Geheimnisse und der Umgang damit
- Angst
- Freundschaft
- Beziehung zwischen Bruder und Schwester
- Ermittlungsarbeit als Detektiv

Aufgrund der immer weiter ansteigenden Kriminalität in der heutigen Zeit bietet dieser aktuelle, gesellschaftliche Kontext viele Aspekte, mit denen die Kinder gezielt konfrontiert werden können. Ein entsprechender Umgang sowie die Auseinandersetzung mit den Schülern sollten in die Unterrichtsplanung mit einbezogen werden.

Dadurch, dass die Problemnähe gegeben ist und der Bezug zur Lebenswelt der Kinder geschaffen wird, bietet der Roman Denkanstöße und einige Problemlösungshilfen. Allerdings ist hierbei zu bedenken, dass die Problemlösungshilfen in der Geschichte etwas zu kurz kommen und mit Problemen nicht unbedingt beispielhaft umgegangen wird. Dies könnte Anlass geben für eine kritische Reflexion der dargestellten Problemlösungsmuster und für die Diskussion von möglichen Alternativen.

Methodische Überlegungen

Erprobt wurde das Buch mit großem Erfolg in der Klasse M.5.1 der Peter-Petersen-Schule in Frankfurt-Eschersheim.

Im Folgenden werden einige Methoden, Anregungen und Impulse vorgestellt, die jedoch keinen Anspruch auf Vollständigkeit erheben. Kreativität und Fantasie wurden insbesondere durch das Lesebegleitheft gefördert. Die Motivation wird nicht durch das monotone Zusammenfassen einzelner Kapitel zerstört. Vielmehr haben die Schüler durch das Lesebegleitheft die Möglichkeit, eigene Themenschwerpunkte zu setzen.

Einstieg

Eine beliebte und hier sehr geeignete Methode ist das Kopieren des Buchumschlags (ohne Inhaltsangabe) auf Folie. Die zwei Figuren und der Buchtitel regen zu Spekulationen über den Inhalt des Romans an. Im Folgenden liest die Lehrerin oder der Lehrer die ersten Seiten des Buches vor und führt damit in die Handlung ein. Spannendes Vorlesen eignet sich hervorragend zum Neugierigmachen auf Bücher.

Textdarbietung

Es wurden zwei verschiedene Leseverfahren angewandt:
- gemeinsames Lesen im Klassenverband
- individuelle häusliche Lektüre (Leseaufträge und Einträge in das Lesebegleitheft)

Zu Beginn des Leseprojekts wurde das gemeinsame Lesen im Klassenverband dem heimischen Lesen vorgezogen. Die Bücher wurden in der Schule behalten. Dies hatte den Vorteil, dass alle Schüler auf dem gleichen Wissensstand waren und somit an vielen Stellen des Buches über den weiteren Verlauf spekuliert werden konnte. In gewisser Weise wird dadurch der Erfolg der Leseförderung etwas gedrosselt, ermöglicht jedoch einen methodisch sinnvollen Umgang mit der Schullektüre.

Impulse und Aufgabenstellungen zur Texterschließung

Während der gemeinsamen Lektüre im Unterricht können immer wieder Fragen gestellt werden, die die Schüler zum Nachdenken anregen.

- Seite 11: Bringt Tom das Fernglas zurück? Wozu braucht er es?
- Seite 13: Würdet ihr ein Fernglas an Fremde verleihen?
- Seite 29f.: Warum musste Tom vor Benno und Sven so tun, als wäre ihm das Fernglas egal?

Vorschläge für die selbstständige Arbeit am Lesebegleitheft:

- eine Inhaltsangabe zu den einzelnen Kapiteln schreiben
- eine Buchempfehlung schreiben
- »Diese Textstelle gefällt mir besonders gut, beeindruckt mich, weil …«
- in eine Tabelle zu den einzelnen Personen eintragen, wie sie sind, was sie tun

- eine Vorgeschichte zu einer Person (z.B. Frieda, Tom, Anna) erfinden
- einen Brief an eine Person (z.B. Anna) schreiben
- einen Comic mit Sprechblasen zeichnen
- ein Gedicht zu einem Gedanken aus dem Buch schreiben
- einen Tagebucheintrag einer Person (z.B. Tom, Frieda) verfassen
- einen anderen Buchumschlag entwerfen
- sich den weiteren Handlungsverlauf ausdenken oder Textteile verändern
- »Da würde ich anders handeln ...«
- »Das verstehe ich nicht ...«
- »Mir ging es einmal so ähnlich« (eigene Beobachtungen, Erlebnisse, Erfahrungen oder Gefühle aufschreiben, die von der Handlung des Buches angeregt sind)
- »Die Person im Buch erinnert mich an jemand, den ich kenne ...«
- ein Plakat zum Buch gestalten
- eine Textstelle vortragen
- passende Musik (spannend, traurig ...) zu einer Textstelle finden
- ein fiktives Interview mit einer Person (z.B. Benno, Sven) aus dem Buch führen
- einen Zeitungsbericht schreiben
- eine Person charakterisieren
- die Handlung des Buches aus einer anderen Perspektive erzählen
- den Text in eine andere Zeit (Mittelalter, Zukunft ...) oder in ein anderes Land (Afrika, Grönland ...) übertragen

- einen Song (Rap …) passend zum Buch schreiben und vortragen (Beispiel s. Anhang)
- ein Hörspiel zum Buch schreiben
- Personen aus dem Buch zeichnen und dazu schreiben, was das Besondere an ihnen ist
- ein Kreuzworträtsel oder Quiz erfinden
- ein Spiel herstellen
- eine Fortsetzung des Buchs selbst erfinden
- andere Schüler aus der Klasse zum Buch befragen
- Landkarten, Weg- und Stadtpläne zu den Handlungsorten erfinden

Anmerkungen

1 Die Autorinnen dieses Beitrags waren folgende Lehramtsstudentinnen der Universität Frankfurt/Main: Katharina Dengler, Lisa Mehrwald, Christina Patzig, Julia Pfeifer
Weitere Mitarbeit: Verena Hamp, Judith Roozen, Beata Straub, Nelly Streub, Nicole Vellmer, Simone Wisserodt

Anhang

Einen Rap-Song komponieren

Es ist mehr als ein Spiel
Es ist mehr als ein Spiel, Frieda war's zu viel.
Tom war so nett, Frieda war zu fett.
Frieda ging heim und dachte sich ein' Reim.
Was soll ich bloß sagen, ich werde jetzt versagen.
Es ist mehr als ein Spiel, Frieda war's zu viel.
Frieda wartete gespannt, ist das Fernglas jetzt verbrannt?
Dieser Tom, dieser Tom, die die dieser Tom.
Diese Frie, diese Frie, diese Frie Frie da.
Es ist mehr als ein Spiel, Tom war's zu viel.
Ich sage euch jetzt was, mir macht es richtig Spaß!

(»Rap«-Song von Jasmin & Luciana)

Unterrichtsvorschlag 3

Anja Dorst/Britta Sauerwein

Marjaleena Lembcke:

Als die Steine noch Vögel waren (70627)

5./6. Schuljahr

Der kleine, behinderte Pekka ist Leenas liebster Bruder. Denn Pekka ist einfach ein ungewöhnliches Kind. Er glaubt, dass die Steine einmal Vögel waren, verkündet seltsame Gedanken und entgegnet unvoreingenommen gleich jedem, den er mag, ein »Ich liebe dich«. Es ist nicht erstaunlich, dass seine Umwelt sehr unterschiedlich auf den wundersamen Jungen reagiert. Auch wenn das Leben mit Pekka nicht immer einfach ist, so kann sich seine Familie ein Leben ohne ihn nicht vorstellen.

Zum Text

Inhalt

»Ich hatte einen Bruder, der glaubte, dass die Steine Vögel waren. Er hieß Pekka« (S. 7). Mit dieser wunderlichen Aussage beginnt Leena ihre Ich-Erzählung über ihren behinderten Bruder. Leena hat neben Pekka noch drei Brüder und eine Schwester. Sie mag ihre Geschwister, aber die Eigenheiten und Merkwürdigkeiten von Pekka liebt sie am meisten. Und das geht allen Familienmitgliedern so; sie sind davon überzeugt, dass Pekka ein ganz besonderes Kind ist.

Pekka kommt mit kleinen Verwachsungen an Händen und Füßen auf die Welt und die Mutter ist sehr traurig, als sie ihn wegen der Komplikationen zunächst in der Klinik zurücklassen muss. Leena fragt nach Pekkas Aussehen, aber ihre Mutter antwortet nur: *»›Ach, Leena! Wie ein kleiner Frosch!‹«* (S. 9).

Pekka bleibt über zwei Jahre in der Klinik. Als er nach Hause kommt, kann er zunächst nicht gehen und auch nicht verständlich sprechen. Dann wird seine Aussprache klarer. Aber nun kann die Familie manchmal den Sinn seiner Worte nicht verstehen. *»Er sah uns an mit seinen großen Augen und erklärte uns Dinge, die wir nie vorher gehört hatten (…) und wir wussten nicht, ob er uns zum Narren hielt oder selber einer war.«* (S. 12)

Die Familie liebt Pekka und er liebt sie. Aber Pekka liebt nicht nur sie, er liebt alle und alles. Er liebt den Stuhl, auf dem er sitzt. Er liebt sein Bett, seine Socken, den Teppich und die Schürze von Großmutter. Er liebt den Duft von Mutter und den Bart von Vater. *»›Ich liebe Eichhörnchen, Frösche (…). Aber am meisten liebe ich die Vögel und die Steine, weil sie einmal Vögel waren.‹«* (S. 13)

Pekka liebt aber auch Märchen. Leena liest ihm oft welche vor oder erfindet sie selbst. Ihr Märchen von den verwunschenen Fröschen mag Pekka ganz besonders, denn es hat ein verheißungsvolles Ende: Die Frösche vergessen die Prinzessin, sehen, dass die Welt schön ist, setzen sich auf die Steine und quaken zu ihrer eigenen Zufriedenheit. *»›Es ist schön, ein Frosch auf dem Stein zu sein und auf den Tag zu warten, wenn die Steine fliegen.‹«* (S. 15)

Pekka ist nicht nur der Weltmeister im Liebhaben, er ist auch ein Kind, das viele merkwürdige Fragen stellt, die Leena nicht beantworten kann. *»Eine richtige Antwort auf die Fragen von Pekka hatte ich nie. Auch wenn ich mehr gewusst hätte und klüger gewesen wäre, hätte ich keine Antwort auf seine Fragen gewusst. Es waren Fragen, auf die wohl kein Mensch die richtige Antwort gewusst hätte.«* (S. 18)

Schließlich wird Pekka eingeschult, aber wegen seines Aussehens, seiner merkwürdigen Gedanken und Fragen wird er bald aus der Gemeinschaft ausgegrenzt. Einmal bringt er einen Klassenkameraden mit nach Hause. Dieser verlässt ihn jedoch schnell wieder; er ist verunsichert und verstört, denn Pekka findet Spielen langweilig, redet lieber oder beobachtet gern stundenlang andere Menschen. (S. 20 f.)

Die Eltern und die Lehrerin machen sich Sorgen. *»›Er ist einfach zu anders‹, sagte seine Lehrerin und seufzte. ›Die Kinder kennen seine Art zu reden nicht. Ich übrigens auch nicht. Manchmal redet er wie ein alter weiser Mann, dann wieder wie ein etwas zurückgebliebenes Kind. Es ist schwer, aus ihm klug zu werden. Weil die anderen Kinder aus seiner Klasse ihn nicht verstehen, lachen sie über ihn.‹«* (S. 23)

Nach diesen Erfahrungen in der Schule ist der ansonsten so lebensfrohe, unbekümmerte Junge zum ersten Mal traurig. *»›Vielleicht lernt der Stein nie das Fliegen‹, sagte er«* eines Tages resigniert. (S. 24)

Dann muss Pekka wieder in die Klinik und wird erneut operiert. Nun steht sein Kopf fast gerade und seine Augen können auch direkt in andere Augen sehen. So sagt er stolz: *»›Jetzt müssen mich alle lieben!‹«* (S. 24). Voller Enthusiasmus geht Pekka erneut in die Schule. Doch eines Tages wird Pekka in einen Brunnen geschubst. Er verletzt sich schwer und muss ins Krankenhaus gebracht werden. Seine Lehrerin versucht vergeblich den Schuldigen herauszufinden. Auch Pekka antwortet nur: *»›Ich weiß es nicht. Ist doch egal‹«* (S. 33). Seit diesem Zwischenfall hat er jedoch keine Schwierigkeiten mehr in der Schule. Im Gegenteil, er hat einen neuen Freund in seiner Klasse gewonnen, den großen und starken Julle, vor dem alle Respekt haben. Von nun an sorgt er dafür, dass niemand Pekka mehr ärgert.

Im Sommer soll er schwimmen lernen, aber Pekka hat vor dem Wasser Angst; außerdem möchte er lieber fliegen lernen. Nach einigen erfolglosen Schwimmversuchen sagt er schließlich zu seinem Vater: *»›Ich bin ein Stein. (…) Ich kann nicht schwimmen‹«* (S. 42). Und Pekka lernt nie schwimmen. Dafür wird aber Steinewerfen seine Lieblingsbeschäftigung. Er wirft sie aber nie gegen die Wand oder ins Wasser. Leena weiß, warum: *»Pekka hoffte, einer der Steine würde als Vogel davonfliegen«* (S. 43).

Während Pekka unbeschwert auf das Wunder wartet, dass sich die Steine in Vögel verwandeln, machen sich seine Eltern nicht nur Sorgen um ihn, sondern auch um ihr finanzielles Auskommen. Da der Vater als Schweißer in Finnland nicht genügend verdient, verkündet er eines Tages, dass die Familie ihr Glück in einem anderen Land versuchen und nach Kanada auswandern werde. Die Begeisterung der Familienmitglieder nimmt aber schnell wieder ab, als allen klar wird, welche Veränderungen die Auswanderung für ihr Leben nach sich ziehen wird. Sie würden nicht nur das Land verlassen, sondern müssten sich auch von ihren Freunden trennen. Trotzdem fängt die Familie an Englisch zu lernen und alle Vorkehrungen für die Auswanderung zu treffen.

Aber mitten in der großen Vorbereitungshektik wird Pekka krank. Der befreundete Hausarzt stellt Leukämie fest. So beschließt der Vater die Träume von einem Leben im Wohlstand in Kanada zu begraben und macht sich auf die Suche nach einem neuen Zuhause für die Familie. Er findet schließlich eine Farm und schafft Hühner und Ferkel an. Pekka bekommt regelmäßig Medikamente und geht wieder in seine Klasse. Dort verabschiedet er sich zum zweiten Mal, doch nun mit den Worten: *»›Auf Wiedersehen. Ich werde bald sterben‹«* (S. 72).

Die Familie spricht nicht über Pekkas Krankheit und auch nicht darüber, wie lange er noch leben wird. Seine Freundin Annaliisa besucht Pekka oft und will von ihm wissen, wann er stirbt. Pekka zuckt mit den Schultern und antwortet: *»›Vielleicht erst im nächsten Leben‹«* (S. 82). Die anderen lachen und denken daran, wie glücklich Pekka sie ständig mit seinen merkwürdigen Gedanken macht.

Eine überraschende Wendung tritt in das Familienleben ein, als sich bei der nächsten Blutuntersuchung herausstellt, dass Pekka doch keine Leukämie hat, sondern lediglich Anämie, einen Eisenmangel. Pekka lächelt zufrieden und sagt: *»›Jetzt fliegen die Steine bis zum Himmel‹«* (S. 85).

Im folgenden Frühling stößt Pekka auf einem Straßenfest erneut ein Unglück zu; er wird von einem Stein am Hinterkopf getroffen. Als Leena ihn im Krankenhaus besucht, sagt Pekka: *»›Bevor ich ohnmächtig wurde, habe ich gerade noch erkennen können, dass ein kleiner Vogel in die Luft flog. Ich habe ja immer gesagt, dass Steine Vögel werden können‹«* (S. 106).

Schließlich will Pekka Gitarre spielen lernen. Er hat sie

von seinem ältesten Bruder Matti bekommen und bisher nur ehrfurchtsvoll angesehen. Es stellt sich bald heraus, dass Pekka die Fähigkeit hat, nach Gehör Melodien zu spielen. *»›Wie gut, dass er die Musik gefunden hat‹, sagte Vater. ›Das wird ihm ein großer Trost sein.‹ ›Und eine große Freude!‹, sagte Mutter. Und eine neue Möglichkeit, dachte ich. Eine Möglichkeit zu sagen: Ich liebe.«* (S. 108) Mit diesen neu gewonnenen Fähigkeiten verändert sich Pekka allmählich und er stellt nicht mehr so viele Fragen, die ihm keiner beantworten kann.

Sprache, Struktur und Aufbau

Das 110 Seiten umfassende Buch gliedert sich in 15 Kapitel. Auf inhaltsverweisende Überschriften und Illustrationen wurde verzichtet. Innerhalb der Kapitel gibt es inhaltliche Phrasierungen, die durch kleine Rauten gekennzeichnet sind. In der Regel umfassen die Kapitel 3 bis 6 Seiten mit zwei bis vier Inhaltsphrasen. Kapitelumfang und eine relativ große Drucktype erleichtern auch weniger geübten Lesern die Lektüre.

Die erzählte Zeit in diesem Kinderroman umfasst die ersten beiden Lebensjahre Pekkas, sein erstes Schuljahr mit allen inner- und außerschulischen Höhepunkten sowie den darauf folgenden Frühling. Aussageintention und -wichtigkeit der Lebensabschnitte und der einzelnen Ereignisse sind für das verweilende und dehnende oder raffende Erzählen maßgeblich.

Marjaleena Lembcke verwendet eine klare, schöne Sprache. Sie arbeitet mit zahlreichen sprachlichen Metaphern und Vergleichen, märchenhaft-poetischen Bildern sowie beschreibenden, ausschmückenden Adjektiven und ausdrucksstarken Verben.

S. 10: »*... aber die Tränen spritzten aus seinen großen kugeligen Augen wie aus einem Springbrunnen.*«

S. 17 f.: »*... er seufzte wie ein alter Mann ...*«

S. 40: »*Es wehte nur ein leichter Wind, das Meer war fast ruhig. Ein paar weiche Wellen erreichten die Felsen, die anderen versickerten im Sand. An der Stelle, die sie erreicht hatten, blieben kleine Schaumschnüre zurück.*

›Guck!‹, sagte Pekka zu mir und zeigte auf das Wasser. Die Sonne spiegelte sich in den kleinen Kräuselwellen, es sah aus, als schaukelten goldene Vögel auf dem Wasser.«

S. 96: »*Er passte auf seinen kleinen Bruder auf wie eine Glucke auf ihre Küken.*«

Die Sätze stellen sich als hypotaktisches Gefüge dar, die aber gut zugänglich und verständlich sind. Sprache und Erzählstil verweisen auf eine jugendliche Denk- und Sichtweise. Oft wird den Lesern der Blick in das Innere der Ich-Erzählerin Leena gewährt. Dies erreicht Marjaleena Lembcke durch die Verwendung des »inneren Monologes« und der »erlebten Rede«, zwei literarästhetischen Erzählmitteln, die Gedanken, Sorgen und Gefühle einer literarischen Figur auf subtile Weise spiegeln.

»Und ich sagte ihm nicht, dass diese Vögel einmal vor langer, langer Zeit ihren Flug beendet hatten und nie wieder fliegen würden. Ich dachte, dass es besser sei, glücklich zu sein, als alles zu wissen.« (S. 30)

Die Charakterisierung der anderen Handlungsfiguren gelingt Lembcke durch zahlreiche, eingefügte Dialoge. Rede und Gegenrede dienen hier einerseits zur unmittelbaren szenischen Darbietung sozialer Umgangs- und Lebensformen. Sie eröffnen aber auch – und das quasi wie von selbst – Einblicke in die Charaktere der Figuren.

So spiegeln die Dialoge mit der Großmutter deren Zuversichtlichkeit, Akzeptanz und optimistische Leichtigkeit im Umgang mit Pekkas Behinderung und seiner besonderen Persönlichkeit.

»›Was wird aus so einem Kind?‹, fragte meine Mutter. ›Ich weiß es nicht!‹, antwortete mein Vater. ›Das wird sich bestimmt noch zeigen‹, meinte Großmutter. ›Erst mal scheint er nur zu unserer Freude auf der Welt zu sein.‹« (S. 27)

Die Handlung vollzieht sich auf einer äußeren Geschehens- und einer inneren Assoziations- bzw. Deutungslinie.

Die äußere Handlunglinie lässt sich an der sukzessiven Aneinanderreihung von Pekkas Lebensabschnitten und seinen Erlebnissen festmachen, die von der Ich-Erzählerin Leena retrospektiv erzählt werden: Sie beginnt mit Pekkas Geburt und seinen ersten zwei Lebensjahren in der Klinik und zu Hause, entwickelt sich weiter über Pekkas Einschulung, seinen damit einhergehenden Konflikten mit Gleichaltrigen und dem Entschluss der Familie auszuwandern. Die äußere Handlungslinie erreicht ihren Höhepunkt mit dem Verdacht, Pekka habe Leukämie. Gleichzeitig vollzieht sich mit dieser Diagnose eine Handlungswende: Die Ausreise nach Kanada wird kurzerhand abgesagt. Schließlich wird ein neues Zuhause gesucht und sich auf die Genesung Pekkas konzentriert. Dann nimmt der Handlungsverlauf erneut eine unerwartete, jedoch positive Wendung, indem die Familie von dem Diagnoseirrtum erfährt. Die Handlung endet mit der Vorausdeutung *»Pekka lebte noch viele Jahre«*, die nicht näher beschrieben wird, aber eine positiv verlaufende Zukunft andeutet.

An diesem äußeren Handlungsverlauf sind folgende Themenfelder und inhaltlichen Schwerpunkte zu erkennen: Behinderung und Andersartigkeit, Konflikte mit Gleichaltrigen, Ausgrenzung, Familienleben, Liebe, Arbeitslosigkeit und Unterhaltssorgen, Krankheit, Abschied, Schwangerschaft, Leben und Sterben, Tod.

Eine Tiefenstruktur des Textes lässt sich an den immer wiederkehrenden Begriffssymbolen Stein, Vogel, Fliegen und dem Märchenmotiv vom verwunschenen Froschkönig festmachen. Diese Leitmotive durchweben den Text wie ein roter Faden und deuten ungesagte oder nur angedachte Gefühle und Gedanken, Wünsche, Träume und Hoffnungen, Sorgen und Ängste, Glaubens- und Lebensfragen des Protagonisten Pekka an, die erschlossen werden wollen.

Pekkas Lebensakzeptanz, Lebensfreude und Zuversicht beruhen letztendlich auf dem festen Glauben an die »Metamorphose«. Dieser Verwandlungs- und Erlösungsgedanke wird von Pekka mit der Idee bzw. bildhaften Vorstellung verknüpft, dass die Steine verwunschen sind und irgendwann wieder das werden, was sie früher einmal waren, nämlich Vögel.

»›Das weißt du doch! Weil alle Steine früher Vögel waren. Wenn die Steine früher Vögel waren, können sie auch wieder zu Vögeln werden. Man kann immer das werden, was man schon mal war.‹« (S. 73)

Darüber hinaus ist Pekka fest davon überzeugt, dass er mit den Vögeln das gleiche Schicksal teilt. Denn eigentlich ist Pekka ein Frosch (S. 24) bzw. ein verwunschener Prinz, der sein Dasein auf der Welt als behinderter Junge mit schiefem Kopf und Verwachsungen an den Händen und Füßen fristen muss.

Pekka weiß aber auch, dass man den Frosch lieben können muss, um ihn letztendlich wie die Prinzessin im Märchen küssen und somit erlösen zu können. Seine Liebe für die Menschen, Tiere, Pflanzen und sogar Dinge der Welt ist unendlich groß, selbstverständlich und bedarf keiner besonderen Anstrengung. Umso enttäuschter ist Pekka feststellen zu müssen, dass seine Liebe nicht erwidert wird, andere verlegen macht und sogar aggressive Unsicherheit verursacht. Doch sein Optimismus, sein Glaube sowie seine Lebensfröhlichkeit sind ungetrübt. Nach Rückschlägen versinkt er zwar traurig in sich, um nach kurzer Zeit wieder glücklich verkünden zu können: *»›Es gibt auch andere Möglichkeiten‹«* (S. 27).

Dieser Blick auf andere, neue und unentdeckte Möglichkeiten assoziiert sich in der Symbolik »Fliegen«.

»›Ist denn niemand froh, dass ich nicht sterben muss?‹, fragte Pekka und (…) er lächelte breit und zufrieden und sagte: ›Jetzt fliegen die Steine bis zum Himmel.‹« (S. 84 f.)

Nicht alle seine Fragen, Gedanken und Sprüche müssen beantwortet und verstanden werden. Oft scheint schon zu genügen, dass Pekka sie laut ausspricht. Auf diese Weise wird es möglich, das »Zwischen-den-Zeilen-Geschriebene« auch grundsätzlich philosophisch zu erschließen, denn – so der Vater über Pekka – »›*...es muss ja auch Menschen geben, die den anderen etwas Kopfarbeit bereiten*‹« (S. 87).

Britta Sauerwein

Didaktische Überlegungen

Inhaltliche Aspekte

Leena lebt in Finnland mit ihrem behinderten Bruder in einer Großfamilie, die von Armut, tödlicher Krankheit und Auswanderungsplänen bedroht wird – auf den ersten Blick scheinen sich die Lebensumstände der Erzählerin grundlegend von der Erfahrungswelt der potenziellen Leserinnen und Leser zu unterscheiden. Auf den zweiten Blick jedoch eröffnen sich den Kindern zahlreiche Möglichkeiten, wie dieser Text für sie persönlich bedeutsam werden kann.

Schülerinnen und Schüler des 5.–7. Schuljahres werden in der Erzählerin Leena eine Identifikationsfigur finden, die zu Beginn des Romans in ihrem Alter ist und durch die personale Erzählperspektive das Einfühlen in ihre Lebenswelt erleichtert. Damit knüpft sie an vertraute Lese- und Lebenserfahrungen an, bestätigt diese jedoch nicht nur, sondern erweitert sie – insbesondere in der Auseinandersetzung mit der Figur des Pekka und den damit verbundenen Dispositionen.

Die Unterschiede der Lebenswelten provozieren Lesemotivation durch Neugier und Spannung und vermitteln in der daraus resultierenden vergleichenden Betrachtung menschliche Grundstrukturen, wie sie jedes Kind – wenngleich auch in anderer Form und Intensität – erlebt und bewältigen muss. Da die im Text enthaltenen Identifikationsmöglichkeiten die Welt als Bewährungsraum zeigen, in dem die Konflikte als bestehbare Abenteuer geschildert werden, ermöglicht er den Schülerinnen und Schülern dabei einen optimistischen Ausblick:

- Zentrales Thema des Buches ist die Besonderheit Pekkas; die Belastung für seine Familie wird zwar deutlich, betont wird jedoch vielmehr die Bereicherung, die er für diese darstellt; alle Figuren zeigen eine große Leichtigkeit und Zuversicht im Umgang mit Problemen aller Art (was sicherlich auch in Hinblick auf die Lebenswirklichkeit kritisch zu hinterfragen ist) und vermitteln eine positive Lebenseinstellung: Handicaps wollen bewältigt werden, um an ihnen zu wachsen; der feste Glaube an die »anderen Möglichkeiten« durchzieht den Text dabei wie ein roter Faden – z.B. in Form von Pekkas Handlungsalternativen (in den schulischen Konfliktsituationen), im Infragestellen moralischer Konventionen (Lügen und Diebstahl) oder in seinen »merkwürdigen Sätzen«; Pekkas Behinderung kann so auch von den Schülerinnen und Schülern als Denkanstoß wahrgenommen und persönlich wertgeschätzt werden.

- Indem die Leserinnen und Leser Anteil an Pekka und seinem Schicksal nehmen, werden sie auch die Ablehnung des Andersartigen, das sich u. a. am Ende des Romans im Steinwurf äußert, moralisch verurteilen und der Roman kann so zu sozialem Engagement sowie zum Überdenken von Vorurteilen und der Außenseiter-Problematik ermutigen.

- Die zahlreichen Abschiedssituationen (Auswanderermotiv, Umzug, die vermeintlich tödliche Krankheit etc.) zeigen unterschiedliche Wege auf, Verlustängsten Ausdruck zu verleihen und diese zu verarbeiten, wobei gleichzeitig auch in der Figur der Mummo die Angst vor Neuem thematisiert wird. In diesem Zusammenhang kann das immer wieder auftretende Symbol der Veränderung und Metamorphose vom Vogel zum Stein bzw. Stein zum Vogel die Hoffnung auf eine Wiedergeburt, einen Neuanfang, einen Lebenskreislauf vermitteln.

- Da Kinder in diesem Lesealter ihr egozentrisches Weltbild zunehmend mit ihrer Außenwelt vergleichen und so deutliche Diskrepanzen zwischen Selbst- und Fremdwahrnehmung erleben, kann die positive Verknüpfung der »anderen Möglichkeiten« mit der Fantasie, der Literatur, dem Märchen und Lyrischen, dem Träumen, Denken und Sprechen als tröstlich empfunden werden, da sie die fiktionalen Lebensanteile berücksichtigt und als mögliche Realitäten aufwertet.

Lembckes Roman kann dazu anregen, eigene Problemsituationen zu erkennen, und darüber hinaus Hilfe anbieten, wenn Fragen nach dem eigenen Lebenssinn oder nach der Sinnfindung gestellt werden. Die Beschäftigung mit dem romaneigenen lyrischen Stimmungsgehalt und dem darin enthaltenen philosophischen Potenzial leistet so neben der Aneignung kultureller Werte in besonderer Weise einen Beitrag zur Selbstfindung und Selbstbestimmung. Gerade die zahlreichen »Weisheiten« Pekkas und die intensive, liebevolle Auseinandersetzung der Schwester mit den »anderen Möglichkeiten«, die in seiner Lebensphilosophie liegen, bieten der Leserschaft eine psychologische Ebene, deren Erkundung in diesem Alter gerade beginnt und zunehmendes Interesse weckt: Ein Geschehen differenziert wahrzunehmen, zwischen Gemeintem und Gesagtem zu unterscheiden, komplexe Erzähltechniken zu erkennen und Handlungen über eine einfache Gut-Böse-Unterscheidung hinaus zu problematisieren sowie die in einem Text enthaltenen unterschiedlichen Deutungsebenen zu erforschen, können mit diesem Roman auf vielfältige Weise entdeckt und erlernt werden.

Literatur kann so am Beispiel von Marjaleena Lembckes Roman von den Schülerinnen und Schülern als Möglichkeit erfahren werden, ihre Wahrnehmung zu sensibilisieren und dadurch die Grenzen der eigenen Biografie zu relativieren. Indem sie sich fremde Gedankenwelten erschließen, eröffnen sie sich neue Möglichkeiten des Denkens, der Empfindungs- und Ausdrucksfähigkeit, die Voraussetzung für die Reflexion des persönlichen Wertekataloges sind. Nur wer lernt sich in Leenas Problemsituation emotional einzufinden, ist auch fähig ihre Handlungsmotive zu begreifen und kritisch zu erörtern. In der Auseinandersetzung mit den im Buch präsentierten Weltdeutungen und Wertvorstellungen und mittels des dadurch angeregten Meinungsaustausches innerhalb der Klassengemeinschaft können so die subjektiven Erfahrungen und Intentionen reflektiert und mit den anderen verglichen werden.

Die Einsicht in verschiedene Arten der Darstellung und Wertung menschlicher Grunderfahrungen, Probleme und Verhaltensweisen kann so dazu beitragen, Fantasie und Vorstellungsvermögen zu entfalten und damit Aufgeschlossenheit, Neugier, Toleranz und Lebensfreude zu fördern.

Sprachliche Aspekte

Marjaleena Lembcke wählt eine Sprache, die für die Schülerinnen und Schüler dieser Altersgruppe leicht verständlich ist, jedoch durch ihre lyrischen Anteile vielschichtige Bedeutungsebenen schafft und damit die Reflexion über Sprache in besonderer Weise thematisiert.

Die Kinder können hier erfahren, wie Form und Inhalt einander bedingen und wie die ästhetische Struktur die Verständnismöglichkeiten des Textes verändert. Die Sensibilisierung für poetische Sprachmerkmale wie z.B. die Stein-Metapher, den veranschaulichenden Vergleich oder das Symbol werden dabei als Mittel der Erkenntnis wahrgenommen und erweitern Wortschatz und Ausdrucksmöglichkeiten der Leserinnen und Leser. Das Spiel mit anderen Literaturgattungen wie z. B. dem umgewandelten Froschkönigmärchen, welches Leena Pekka erzählt, vermittelt der Leserschaft eine Idee vom kreativen Prozess, der vor dem fertigen künstlerischen Produkt steht, und kann Anlass für eigene Schreib- und Interpretationsversuche sein.

Die offene Textstruktur mit ihren zahlreichen Leerstellen ermöglicht vielfältige Assoziations- und Deutungsmöglichkeiten, die von den Schülerinnen und Schülern im Klassengespräch diskutiert und mit Argumenten am Text belegt werden müssen. Gerade in diesem Alter ist es wichtig, den Blick verstärkt auf die Intentionen der Gesprächsteilnehmer zu richten, um diese in die eigenen Überlegungen mit einzubeziehen und auf diese Weise die Gesprächskompetenz und das Gespür für die kommunikative Funktion von Sprache zu verfeinern.

Aspekte der Lesekompetenz

Der Weg zur inhaltlichen Diskussion führt über die je nach Jahrgangsstufe mögliche Ein- und Weiterführung literarischer Techniken. Neben den assoziativen Möglichkeiten (Brainstorming, Clustern, Blitzlicht etc.) gilt es, Grundlagen für die fachwissenschaftlichen Methoden der weiterführenden Jahrgangsstufen zu legen.

Nur wer eine gründliche Textarbeit beherrscht, kann sich auch an inhaltlichen Diskussionen beteiligen, seine Thesen belegen oder andere widerlegen. Um Textsicherheit zu erlangen, sollten sich die Schülerinnen und Schüler ein eigenes System erarbeiten können, nach welchem sie in jedem Kapitel unbekannte Wörter, wichtige Textabschnitte oder Schlüsselbegriffe, aber auch besonders »schöne« Stellen markieren. Das Ordnen der Schlüsselbegriffe nach gedanklichen Zusammenhängen, die Überprüfung auf Vollständigkeit und die abschließende Zusammenfassung einzelner Textteile, Kapitel oder der gesamten Lektüre führen so langsam zur Inhaltsangabe. Das Formulieren treffender Überschriften, die in die Freiräume über jedes Kapitel geschrieben werden können, oder eine tabellarische Szenenmatrix im Buchumschlag helfen den Schülerinnen und Schülern sich schnell in ihrer Lektüre zurechtzufinden. Hier sollte auch das Zitieren und konkrete Belegen von Aussagen am Text immer wieder geübt werden.

Die genaue Betrachtung der einzelnen Personen knüpft an die Personenbeschreibung der vorhergehenden Schuljahre an und bereitet auf die spätere ausführliche Charakterisierung vor.

Die Unterscheidung, dem Text zu entnehmen, was wichtig ist und was nicht, fällt Schülerinnen und Schülern dieser Altersstufe meist noch besonders schwer. Neben der Schilderung von Leseeindrücken ist es daher wichtig, auch immer wieder zu üben sinnvolle Fragen an den Text zu stellen, diesem Informationen zu entnehmen und zusätzliche Informationsquellen nutzen zu lernen. Gerade die Bereiche, welche sich von der eigenen Lebenswelt unterscheiden, könnten hier näher beleuchtet und mit zusätzlichen Erklärungen unterfüttert werden.

Indem die Schülerinnen und Schüler Bezüge zu ihrer eigenen Lebenswelt und zu persönlichen Erfahrungen herstellen, den Text mit eigenen Vorstellungen anreichern, fantasievoll ergänzen, ihn weiterdenken oder in die Rolle einer der Figuren schlüpfen, lernen sie auf handlungsbezogene und subjektive Weise, wie sie den Text für sich persönlich fruchtbar machen können, und begeben sich so spielerisch auf den Weg der Interpretation.

Methodische Anregungen

Das Ziel des Literaturunterrichtes sollte in erster Linie darin bestehen, die Schülerinnen und Schüler zu motivieren und zu befähigen Literatur selbstständig zu erschließen. Selbstständig zu arbeiten und über das eigene Lernen, Denken, Urteilen und Handeln zu reflektieren und so zu einer eigenständigen Meinung und Lesemotivation zu gelangen lässt sich besonders gut in Form eines Leseprojektes verwirklichen. Diese Art des Arbeitens ermöglicht der Lerngruppe zudem einen den jeweiligen Interessen angemessenen Zugang und wird gleichzeitig der Komplexität des Textes gerecht. Analytisch-kritische Methoden können dabei sehr gut mit kreativ-subjektiven kombiniert werden und bieten so eine große Bandbreite unterschiedlicher Lernweisen.

Bewährt hat sich die Organisation der Lektüreeinheit in Form eines »Forschungsprojektes«. Dabei ordnen sich die Schülerinnen und Schüler ihrem »Forschergeist« entsprechend den 15 Kapiteln sowie dem Nachwort der Lektüre zu, so dass 16 Gruppen (meist Pärchen oder Dreiergruppen) entstehen. Ab jetzt sind sie »Experten«, die als Fachfrauen und -männer die primären Ansprechpartner für ihre Kapitel sind. Auch wenn alle den gesamten Text gelesen haben, sind sie nun ganz besonders verantwortlich für das Kapitel ihrer Wahl und haben die Aufgabe, dieses tiefgründiger zu untersuchen.

Das »Forschungsprojekt« beinhaltet Gesichtspunkte wie Entdeckerfreude, Forscherehrgeiz, Ansporn durch Konkurrenz, Geheimniskrämerei und Eigenverantwortung, die die

Lesemotivation in diesem Alter maßgeblich steigern und meist schnell zu einem intensiven Arbeiten innerhalb der Gruppen führen.

Die Aufgabe jedes Expertenteams besteht nun darin, einen Aspekt seines Kapitels, welchen es für besonders interessant und wichtig erachtet, näher zu betrachten und die Ergebnisse anschließend in Form eines Produktes der Klasse vorzustellen. Die Präsentationen können dabei rein informativen Charakter haben (z. B. zum Thema »Kanada« oder »Leukämie«), jedoch auch kapitelübergreifende Themenkomplexe (z. B. »Abschied« oder »Steine und Vögel«) behandeln und im Sinne einer Diskussionsgrundlage oder eines Impulses für die Reflexionsphasen bzw. vertiefenden Aufgaben fungieren. Die anderen Teams können diese dann mit dem Wissen über ihre eigenen Kapitel ergänzen oder widerlegen.

Die Schülerinnen und Schüler werden hier schnell erkennen, dass die Erweiterung des Bedeutungshorizontes maßgeblich von einer gründlichen Recherche, dem genauen Arbeiten am Text und einer publikumsangemessenen Präsentation abhängt. Diese gewinnt im Schulleben zunehmend an Bedeutung und kann in diesem Alter gut trainiert werden, da die Schülerinnen und Schüler meist noch relativ unbefangen vor der Klasse – zumal unterstützt von ihrem Team – stehen.

Hier sollten zu Beginn der Einheit verschiedene Möglichkeiten der Informationsbeschaffung und -auswahl thematisiert und geübt werden sowie Vortragstechniken, verschiedene Möglichkeiten an Endprodukten und deren adäquater Präsentation diskutiert werden.

Sobald die Teams einen ersten Überblick über ihre Forschungsprojekte haben, können die genauen Themen und der Terminplan für die Präsentationen vereinbart werden; ein chronologischer Ablauf entsprechend der Romanhandlung ist hier sinnvoll.

Wichtig bei der Konzeption der Einheit ist eine abwechslungsreiche Kombination aus Kurzpräsentationen, vertiefenden Aufgaben, reflektierenden Unterrichtsphasen und dem Training der literarischen Methoden. Das freie Unterrichtsgespräch hat dabei sicherlich eine zentrale Bedeutung, da die Vielschichtigkeit des Textes gemeinsam erarbeitet werden sollte.

Neben geistiger Beweglichkeit, Fantasie und Kreativität verlangt diese Art Unterricht von den Schülerinnen und Schülern auch Konzentrationsfähigkeit, Genauigkeit, Ausdauer und Frustrationstoleranz – wesentliche Grundlagen des selbstständigen Lernens. Der ich-bezogene Zugang soll zu eigenen Produktionen motivieren und einen spielerischen Umgang mit Literatur fördern.

Die Spielsituation »Forscher« legt auch nahe den Arbeitsprozess in einem abschließenden »Forschungsbericht«, der alle oder Teile der Ergebnisse beinhaltet und evtl. für die Schülerinnen und Schüler vervielfältigt wird, zu dokumentieren. Denkbar wären z. B.:

- ein unterrichtsbegleitendes Arbeitstagebuch, in dem jedes Expertenteam eine Seite gestaltet
- eine Wandzeitung, die im Schulgebäude ausgehängt wird
- eine Power-Point-Präsentation auf CD
- Illustrationen von jedem Team zum jeweiligen Kapitel, welche als Klassenbuch gebunden werden

- die Organisation einer abschließenden Ausstellung, z. B. auf einem Elternabend der Klasse oder dem Schulfest
- ein Fototagebuch mit den wichtigsten Ereignissen und Ergebnissen während der Unterrichtseinheit
- ein Artikel über das Projekt für die Schülerzeitschrift
- ein gemeinsamer Leserbrief an Marjaleena Lembcke, in dem die Schülerinnen und Schüler über ihre Leseerfahrungen berichten und kritisch Stellung nehmen

Projektvorschläge

Autorin, Verlag, allgemeine Informationen

- im Internet Informationen zur Autorin suchen
- fiktives Interview mit der Autorin auf Kassette aufzeichnen
- Buchvorstellung weiterer Bücher der Autorin
- im Buchhandel über Verlag und Reihe ›dtv junior‹ recherchieren
- »Übersetzerteam« nimmt »Fremdwörter-Anfragen« an und übersetzt sie
- »Wörterschatzkiste« als Plakat, in der schöne/außergewöhnliche Wörter der Lektüre gesammelt werden

Finnland, Kanada, Schweden

- Fremdenverkehrsämter oder Reisebüros um Reiseprospekte, Plakate und Karten zum Thema Schweden, Finnland und Kanada bitten; im Atlas ergänzende Informationen suchen

- Länderquiz veranstalten oder Kreuzworträtsel erstellen
- Basisinformationen zu Land und Leuten auf dem OHP präsentieren
- Filmausschnitte oder Leseproben aus Lindgren-Büchern wie z. B. ›Michel aus Lönneberga‹
- im Internet Informationen über das finnische Schulsystem in Erfahrung bringen und mit dem deutschen vergleichen
- Ein- und Auswanderbestimmungen für Deutschland recherchieren
- Basteln eines ›Walpurgis-Fächers‹

Die Familie

- »Familienfoto« am Strand oder »Stammbaumcollage« aus Katalogfotos
- Geschenkvorschläge für die Familienmitglieder aus Katalogen ausschneiden (auch symbolische Geschenke sind möglich wie z. B. ein Herz für mehr Liebe oder Schwimmflügel für weniger Angst beim Schwimmen) oder Wunschzettel schreiben

Pekka

- Plakat zu »Was Pekka liebt« und dazu Klassenplakat »Was wir lieben«
- Situationen, in denen wir uns anders als Pekka verhalten würden, alternativ nachspielen und vergleichen
- Standbilder zu den schulischen Konfliktsituationen erstellen, fotografieren und dazu einen »Verhaltensratgeber« schreiben

- kleines Poesiebuch mit Pekkas »merkwürdigen« Sätzen
- Plakat zum Thema »Pekkas Seufzer-Situationen«
- Pekkas Diebstahl wird beim Jugendgericht oder ›Barbara Salesch‹ verhandelt

Behinderung, Krankheit, Abschied, Tod, Neuanfang

- Gedankenbilder malen zum »Kinderschloss«
- in medizinischen Sachbüchern Informationen zu Leukämie und Anämie nachschlagen und evtl. vom Hausarzt erklären lassen
- Videoreportagen über Kinder mit Down-Syndrom zeigen
- Bestimmungen für Schulen zur Integration Behinderter sammeln
- Genesungsbriefe an Pekka nach dem Steinwurf schreiben
- Mummos Äußerungen bezüglich der Lebensveränderungen sammeln
- Elfchen oder Vierzeiler zu Dingen schreiben, von denen wir uns nur schwer verabschieden könnten
- auf dem örtlichen Friedhof Grabinschriften abschreiben und mit der Pekkas vergleichen; eine eigene Inschrift für Pekka formulieren

Steine, Vögel, Fische, Frösche

- entsprechende Textstellen sammeln als Plakat oder Paper für alle
- eigene Metaphern suchen und formulieren
- Märchen vom Froschkönig mit Leenas Version vergleichen und Märchen selber umerzählen (s. Anhang)

- Fossilien versteinerter Vögel im Internet suchen und vorstellen
- (evtl. fächerübergreifend mit Kunst:) aus Speckstein »Steinvögel/Vogelsteine« gestalten (s. Fotos im Anhang).

Anja Dorst

Anhang

1. Umgewandelte oder neu ausgedachte Märchen für Pekka (Beispiele für Schülerarbeiten)

Pekkawittchen

Es war einmal ein kleiner Zwergenjunge, der hieß Pekkawittchen und war so hässlich, dass ihn niemand bei sich haben wollte. Er lebte in einem großen Schloss, doch seine Familie lebte hinter den sieben Bergen in einem lila Häuschen. So machte er sich auf, ging aus dem Schloss, durch den Wald und über die sieben Berge zu den sieben Zwergen. Die freuten sich sehr, als er zu ihnen kam. Doch weil die Zwerge sehr arm waren, arbeiteten sie Tag und Nacht in ihrer Mine im Berg. So überlegten sie, ob sie nicht vielleicht ihr lila Haus verlassen sollten, um in der weiten Welt einen Schatz zu suchen. Doch bevor sie sich dazu entschließen konnten, geschah ein Unglück. Denn als die Zwerge eines Tages wieder bei der Arbeit waren, langweilte sich das Pekkawittchen allein zu Hause und wollte hinaus im Wald spazieren gehen, denn es glaubte, dass Steine Vögel werden könnten, und wollte dabei zuschauen. Und als es so ging, kam es in ein tiefes Moor. Und weil in diesem Moor giftige Dämpfe aufstiegen, bekam es Kopfweh und wurde sehr krank. Als die Zwerge nach Hause kamen, lag das Pekkawittchen ohnmächtig in seinem Bettchen und alle waren sehr in Sorge, dass es sterben würde. So hielten sie Tag und Nacht Wacht beim Pekkawittchen und suchten ihm das beste Essen, damit es sich stärken konnte. Und als es wieder gesund war, merkten sie, dass sie gar keinen Schatz brauchten, um glücklich zu sein, sondern dass es am besten war, wenn nur alle zusammen sein konnten. Und wenn sie nicht gestorben sind, dann leben sie noch heute.

Der Vogel-Pekka

Es war einmal vor langer, langer Zeit, da lebten drei kleine Brüder mit ihren Eltern in einem kleinen Häuschen am Waldrand. Der Vater war Holzfäller und ging Tag für Tag in den Wald, um seine Familie zu ernähren. Doch eines Tages wurde die Mutter sehr krank und nur die böse Zauberin wusste ein Mittel, um die Krankheit zu heilen. Da fasste sich der Mann ein Herz und suchte die Zauberin auf. Er schlich auf leisen Sohlen in den Garten und ging langsam auf die Tür zu. Zögernd rief er: »Guten Tag, liebe Zauberin, ich hätte eine Bitte an Euch. Meine Frau ist schwer krank und nur Ihr könntet ihr noch helfen.« Da stand plötzlich eine bucklige, magere und mit Warzen übersäte Alte vor ihm. Der Mann zitterte vor Angst und wollte schon wegrennen, aber da gedachte er seiner Frau und blieb. »So, so«, erwiderte die Alte mit krächzender Stimme. »Ich will sehen, was sich machen lässt. Ich komme in drei Monden und bringe dir ein Heilmittel.«

Als drei Monde vergangen waren, erschien die Zauberin wie versprochen im Häuschen des Holzfällers. Sie befahl ihm aus dem Zimmer zu treten, so dass sie seine Frau heilen könne. Aber als sie die Heilung beendet hatte, krächzte sie: »Ich möchte einen deiner Söhne für meine Arbeit. Gib mir deinen jüngsten Sohn Pekka, den mit dem schiefen Kopf und den schielenden Augen. Den kannst du bestimmt entbehren.« Da rief der Holzfäller schweren Herzens seinen jüngsten Sohn zu sich und befahl ihm mit der Zauberin zu gehen. Pekka tat, wie ihm geheißen war, und die Zauberin sperrte ihn in einen hohen Turm ohne Tür. Der Junge weinte bitterlich, als plötzlich ein kleiner Vogel zum Fenster hereingeflogen kam. Er sagte zu Pekka: »Setz dich auf diesen Stein dort, denn bei Vollmond verwandelt er sich in einen Vogel und du kannst mit ihm davonfliegen!« Pekka tat, was ihm der Vogel gesagt hatte, es stimmte und er flog mit dem Steinvogel davon. Und weil die Zauberin so böse gewesen war, rief der kleine Vogel Tausende von seinen Freunden und alle stürmten auf das Haus der Zauberin und zerhackten es mit ihren spitzen Schnäbeln, so dass es über der Zauberin zusammenfiel und diese darin umkam. Pekka aber flog mit den Vögeln in ein Tal, wo sie von da an glücklich zusammenlebten bis ans Ende ihrer Tage.

Wahre Liebe

Es war einmal ein nettes Königspaar, das wünschte sich von Herzen ein Kind. Bald bekam es einen Sohn, den sie Pekka nannten. Sie hatten ihn von Herzen lieb, obwohl er hässlich wie ein kleiner Frosch war und Verwachsungen an Händen und Füßen hatte.

An seinem achtzehnten Geburtstag wuchsen die Dornen um das Schloss auf einmal so hoch, dass niemand mehr hinein- und hinausgehen konnte. So entschloss sich der König: »Der Prinzessin, der es gelingt, hier hereinzukommen, gebe ich meinen Sohn zum Mann.« Da sagten alle Leute des Landes: »Wer will schon so einen hässlichen Prinzen zum Mann haben?« Doch nach einiger Zeit kam eine kleine hässliche Prinzessin mit Namen Annaliisa des Weges. Die hatte von dem hässlichen Froschprinzen gehört und wusste, dass es auf ein reines Herz ankam und nicht auf Äußerlichkeiten. Also versuchte sie ihr Glück und tatsächlich: sie schlug sich mit ihrem Schwert durch die Dornenhecke. Und als sie den Prinzen sah, verliebten sich beide sofort ineinander und heirateten. Die Dornenhecke wurde wieder kleiner und das ganze Land war froh über ihr glückliches Prinzenpaar. Und wenn sie nicht gestorben sind, dann leben sie noch heute.

Die Hexe Leukämie

Es war einmal ein armer Prinz mit Namen Pekka, der hatte nicht viel Geld und war trotzdem ein glücklicher Mensch. Sein Vater, der König, liebte es, mit seinem Sohn durch den Wald zu laufen und sich darüber Gedanken zu machen, wie die Welt entstanden sei. Pekka stellte ihm dabei immer merkwürdige Fragen, die der König nur schwer beantworten konnte.

An seinem zwölften Geburtstag rief nun der König seinen Sohn zu sich und sagte: »Mein lieber Sohn, heute ist ein besonderer Tag. Ich möchte dir diesen Beutel schenken. In ihm liegt ein magischer Stein. Bist du in Not, so öffne den Beutel und der Stein wird dir helfen.« Da sagte der Prinz: »Vielen Dank, lieber Vater, so einen Stein habe ich mir schon immer gewünscht!« Von nun an trug er ihn immer bei sich.

Da kam eines Tages die böse Hexe Leukämie und entführte ihn in ihr Hexenschloss. Von außen sah das Schloss wie ein Krankenhaus aus, im Inneren war es kalt und dunkel, so dass sich der Prinz fürchtete und sich seine Eltern schrecklich um ihn sorgten. Jeden Tag ging Prinz Pekka ans Fenster und wünschte sich: »Ach, wenn doch mein Stein ein Vogel werden könnte. Dann würde ich nach Hause zu meinen Eltern fliegen.« Und am dritten Tag, als er diesen Wunsch wieder aussprach, wurde der Stein tatsächlich zu einem Vogel. Er pickte der Hexe Leukämie die Augen aus, so dass das Blut herausfloss. Dann rief er: »Kleiner Prinz, setz dich auf meinen Rücken, dann wollen wir hoch in die Luft fliegen.« Pekka freute sich sehr und flog auf dem Vogel zurück zu seinen Eltern. Und wenn sie nicht gestorben sind, dann leben sie noch heute.

Der verwunschene Brunnen

Es war einmal ein kleiner Junge namens Pekka, den konnte kein Kind leiden, denn er hatte ganz eigenartige Ideen. Die Kinder behandelten ihn schlecht und eines Tages schubste ihn ein Kind in einen tiefen Brunnen. Doch als Pekka das Wasser berührte, war er plötzlich in einer anderen Welt. Er kam auf eine grüne Wiese, auf der ein Baum stand. Und der Baum rief: »Rüttel mich und schüttel mich, meine Äpfel sind so schwer!« Da rief Pekka die Vögel herbei und sagte: »Dem Baum sind die Äpfel zu schwer, bitte pickt sie ab, damit er sie nicht mehr tragen muss.« Und als die Vögel alle Äpfel aufgefressen hatten, sagte der Baum erstaunt: »Du solltest mich doch rütteln und schütteln!« Und Pekka sagte: »Es gibt eben noch andere Möglichkeiten!«

Da ging Pekka fröhlich weiter und kam an ein großes Feld mit Sonnenblumen, die sagten: »Sammle unsere Kerne, denn die sind uns so schwer.« Und wieder rief Pekka die Vögel zu Hilfe. Und als auch die Sonnenblumen fragten: »Wieso hast du unsere Kerne nicht gesammelt?«, sagte Pekka wiederum: »Es gibt eben noch andere Möglichkeiten.«

Schließlich kam Pekka zu einem Stein, der sagte: »Heb mich auf und wirf mich in die Luft, denn ich will fliegen!« Da sagte Pekka zu dem Stein: »Wenn du ganz fest daran glaubst, kannst du das auch selber.« Da verwandelte sich der Stein auf einmal in einen Vogel und konnte wirklich fliegen und Pekka sagte stolz: »Siehst du, es gibt eben noch andere Möglichkeiten.«

In diesem Moment machte es »Puff« und der Vogel verwandelte sich in eine wunderschöne Fee, die sagte: »Du hast mir geholfen, als ich ein Apfelbaum war und als ich eine Sonnenblume war und als ich ein Stein war. Und weil du so ein gutes Herz und viel Fantasie hast, werde ich dich belohnen. Was wünschst du dir?« Da sagte Pekka: »Ich wünsche mir, dass mich alle lieb haben.« Da zauberte ihm die Fee liebe Eltern mit ganz vielen Geschwistern und Freunden und von da an lebten alle glücklich und zufrieden.

2. Texte für die Schülerzeitung (weitere Schülerarbeiten)

Aufgabe: Stell dir vor, Pekka und seine Familie sind nach Deutschland ausgewandert und er kommt in unsere Klasse. Auf unserer Klassenfahrt gibt es Probleme. Schreibe darüber einen Text mit Kommentar für die Schülerzeitung.

Pekka, der Ich-liebe-dich-Junge

Auf unsere Klassenfahrt waren wir schon Wochen vorher ganz gespannt. Als der Abfahrtstag nun kam, trafen sich alle vor der Schule und warteten auf den Bus. Wir drängelten dann schnell hinein, denn jeder wollte den besten Platz haben. Nur Pekka, der neue Junge in unsere Klasse, blieb draußen stehen und sagte: »Ich liebe den Bus, ich liebe den Busfahrer und ich liebe die Fahrt«. Alle starrten ihn verwirrt an und lachten ihn aus. Wir kannten ihn erst eine Woche und wussten nur, dass er aus Finnland ausgewandert war und eine leichte körperliche und geistige Behinderung hat.

Als wir im Feriendorf ankamen, wanderten wir ein Stück und Pekka sagte wieder komische Sachen. Wir machten ein Lagerfeuer und alle Kinder setzten sich hin, um zu grillen. Da flüsterte Pekka zu einem der Mädchen: ›Ich liebe dich‹. Das Mädchen ärgerte sich und alle anderen lachten schallend. Pekka wurde vor Scham rot und aus seinen großen Augen spritzten Tränen. Schnell lief er in den Wald. Wir rannten hinterher und versuchten ihn aufzuhalten. Schließlich entschuldigten wir uns bei ihm, dass wir so gemein gewesen waren, und Pekka nahm die Entschuldigung an. Dann rief er fröhlich: »Ich liebe den Wald, ich liebe die Steine, ich liebe die Vögel und euch liebe ich auch.«

Ich fand es nicht lustig, dass Pekka alles liebte, doch ich wusste auch nicht, was ich machen sollte, deshalb lachte ich. Ich glaube, so ging es auch den anderen, aber trotzdem war es nicht richtig zu lachen. Am besten wäre es aber, wenn Pekka nichts sagen würde und keiner lachen müsste. Wenn man nicht weiß, was man machen soll, muss man einfach lachen. Auch unsere Lehrer mussten lachen, weil sie noch nie in so einer Lage gewesen waren. Pekka ist einfach ein seltsames Kind, mit anderen Möglichkeiten und seltsamen Fragen, aus dem man nicht klug wird. Ich finde nicht, dass er zu uns nicht passt oder dass wir nicht zu ihm passen. Er ist zwar anders, aber nicht dumm. ›Manchmal redet er wie ein alter Mann, dann wieder wie ein etwas zurückgebliebenes Kind. Es ist schwer, aus ihm klug zu werden‹, das sagte auch seine alte Lehrerin in Finnland. Es ist besser, wenn weder er noch wir etwas tun, was dem anderen peinlich ist. Nur kann Pekka das gar nicht richtig verstehen. Vielleicht hat er dafür einfach ein anderes Gefühl und findet es gar nicht schlimm, wenn man alles und jeden liebt und das auch immer gleich sagt.

Der außergewöhnliche Junge

Kurz bevor unsere Klasse auf Klassenfahrt fuhr, kam ein neuer Junge in unsere Klasse. Er hieß Pekka und war aus Finnland ausgewandert. Er war ein sehr außergewöhnlicher Junge, denn er war behindert und glaubte, dass alle Steine einmal Vögel gewesen sind. Außerdem schmetterte er fast allen ›Ich liebe dich‹ ins Gesicht.

Die Klassenfahrt ging von Montag bis Mittwoch und am ersten Tag, kurz nach dem Abendbrot, wollten alle schnell ins Bett, weil wir vom Toben im Wald sehr müde waren.

Als wir alle endlich gewaschen und ausgezogen in den Stockbetten lagen und ich das Licht ausschaltete, sagte Pekka zu uns allen, mindestens zum dritten Mal an diesem Tag: »Ich liebe euch!«

Uns ging das schon mächtig auf die Nerven. Ich dachte für

mich, dass er das zu jedem mindestens schon zweimal so gesagt haben musste und jetzt noch mal zu uns allen!

Am nächsten Tag begann er schon am frühen Morgen mit ›Ich liebe dich‹. Da konnte ich es nicht mehr aushalten und schrie ihn an: »Halt endlich deine Klappe!« Pekka guckte mich erstaunt an und begann zu weinen, weil er das nicht verstehen konnte und ihn das sehr traurig machte. Also sagte er »Ich liebe dich« zu einem anderen Jungen, der ihn aber einfach ignorierte. Daraufhin rannte Pekka enttäuscht aus unserer Blockhütte direkt zu unserer Lehrerin und sagte: »Meine Klassenkameraden lieben mich nicht mehr!« Unsere Lehrerin hörte sich an, was passiert war, und sprach dann mit uns. Da gaben wir zu, dass wir uns nicht gerade kameradschaftlich verhalten hatten.

Heute weiß ich, dass Pekka einfach anders denkt als ich und er einfach nicht verstehen kann, dass ich nicht jeden sofort lieb haben kann, wenn ich ihn noch gar nicht richtig kenne. Auch wenn mich das nervt, finde ich es doch auch gut, dass es so jemanden wie Pekka gibt, der einfach alle Menschen gern hat, egal, ob er sie kennt oder nicht. Außerdem ist es sehr mutig, anderen Leuten direkt ins Gesicht zu sagen, was man von ihnen hält, und so offen seine Gefühle zuzugeben.

3. Arbeiten mit Speckstein

Spielende Meise (von A. Buchmann)

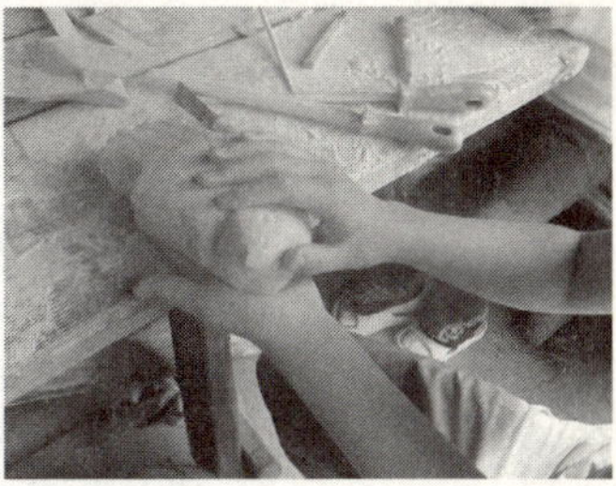

Frierende Taube (von J. Hayne)

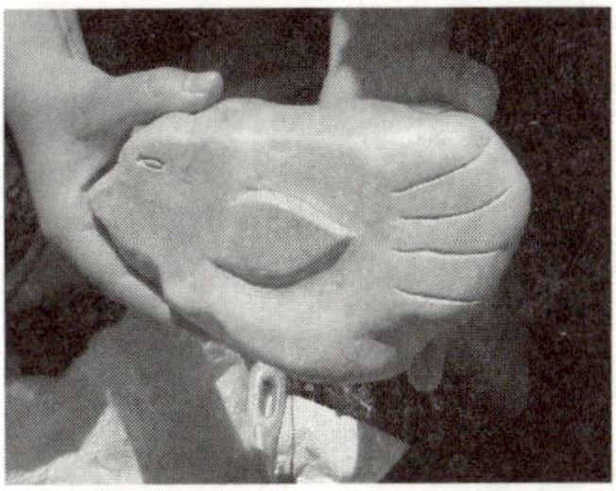

Fliegendes Huhn (von A. Weiß)

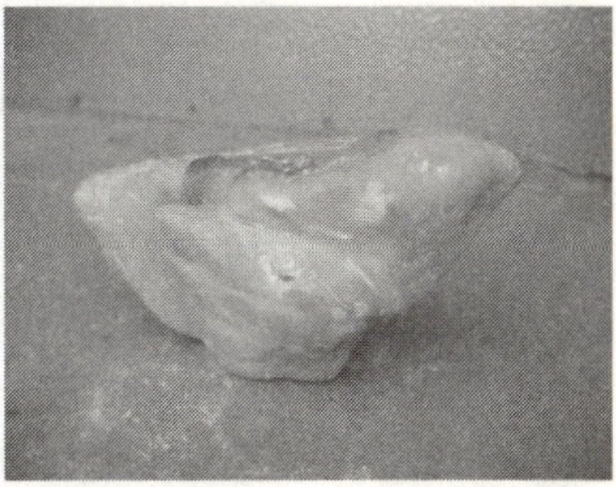

Kleiner Grünfink (von A. Tafolli)

Spatz (von A. Buchmann)

UNTERRICHTSVORSCHLAG 4

GABRIELE VON GLASENAPP/
CHRISTINE KLOSTERMANN[1]

Margaret Peterson Haddix:
Schattenkinder (70635)
Aus dem Amerikanischen von
Bettina Münch
5.–7. Schuljahr

Der 12-jährige Luke lebt in einem utopischen Staat, in der jede Familie nur zwei Kinder haben darf. Er hat jedoch bereits zwei Geschwister und muss deshalb sein Leben, von seiner Familie streng abgeschirmt, im Verborgenen auf dem Dachboden verbringen. Eines Tages macht er die Entdeckung, dass auch im Haus gegenüber ein so genanntes Schattenkind lebt. Heimlich schleicht er sich hinüber und schließt Freundschaft mit Jen, einem selbstbewussten Mädchen, das nicht bereit ist den Rest ihres Lebens im Versteck zu leben. Per Internet plant sie eine Großdemonstration aller Schattenkinder, der sich Luke jedoch nicht anschließen will. Später erfährt Luke, dass die Demonstration blutig niedergeschlagen und Jen ums Leben gekommen ist. Mithilfe ihres Vaters erlangt Luke am Ende eine neue Identität und wagt den Aufbruch in ein neues Leben.

Zum Text

Inhalt

Der 12-jährige Luke wächst in einer ganz normalen Familie mit zwei älteren Brüdern auf einer abseits gelegenen Farm auf. Doch Lukes Leben ist nicht normal, denn abgesehen von seiner Familie darf ihn niemand sehen, darf niemand von seiner Existenz wissen – Luke ist ein so genanntes Schattenkind. Die Gesellschaft, in der Luke lebt, duldet nur zwei Kinder in jeder Familie – Zuwiderhandlungen werden mit strengen Sanktionen bestraft. Aus diesem Grund muss Luke im Verborgenen aufwachsen, sein Leben spielt sich ausschließlich innerhalb der Familie ab und sein Kinderzimmer befindet sich auf dem Dachboden, der lediglich durch die Lüftungsschlitze einen Blick nach draußen gestattet, was Luke natürlich streng verboten ist. Die Situation spitzt sich zu, als die Nachbarschaft der Farm als Neubaugebiet ausgewiesen und dort eine Siedlung von Neubauten errichtet wird. Nun darf Luke zu den Mahlzeiten nicht mehr am Tisch sitzen, sondern muss sich an die Treppe zurückziehen – es könnte jemand zum Fenster hereinschauen. Da die Regierung aufgrund der andauernden Lebensmittelknappheit gerade die Farmer mit einschneidenden Maßnahmen überzieht – so muss Lukes Vater beispielsweise seine Schweine verkaufen – und als das Geld in der Familie immer knapper wird, geht auch Lukes Mutter nun zum Geldverdienen in die Fabrik. Mehr und mehr ist Luke den ganzen Tag über sich selbst überlassen; aus Langeweile beginnt er trotz des Verbotes mit der Beobachtung der mittlerweile fertig gestellten Neubauten. Als er eines Tages dort am Fenster eine Bewegung wahrnimmt, obwohl die Familie eigentlich abwesend ist, beginnt er zu ahnen, dass sich auch in diesem Hause jemand versteckt hält. Die Hoffnung, auf ein weiteres Schattenkind gestoßen zu sein, verleiht ihm den Mut, in das Nachbarhaus einzudringen. Tatsächlich trifft er dort auf die gleichaltrige Jen, die ebenfalls ein Schattenkind ist und dennoch ein ganz anderes Leben führt als Luke, der nur die Obhut seiner Familie kennt.

Jens Eltern haben ihrer Tochter einen gefälschten Ausweis besorgt, so dass Jen unbesorgt mit ihrer Mutter einkaufen gehen kann, trotz der Kontrollen der berüchtigten, alles überwachenden Bevölkerungspolizei. Im Gegensatz zu Luke zeigt sich Jen auch sehr versiert im Umgang mit allen Medien: Sie schaut fern und chattet im Internet und steht auf diese Weise im Kontakt mit zahlreichen anderen Schattenkindern. Langsam entsteht eine Art Freundschaft zwischen dem eher schüchternen Luke und der sehr selbstbewussten Jen, die nicht bereit ist das ihr aufgezwungene Leben im Verborgenen weiterzuführen. Schrittweise führt sie Luke in bislang unbekannte Welten ein, sie versorgt ihn mit Lektüre und klärt ihn über die Motive der diktatorischen Regierung auf, die die Lebensmittel absichtlich verknappt, um auf diese Weise das Ansteigen der Bevölkerung und damit auch die Bevölkerung selbst vollständig zu kontrollieren.

Luke ist fasziniert von seiner neuen Freundin und will ihr doch bei ihrem kühnsten Projekt nicht folgen: Mithilfe des Internets hat Jen eine große Kundgebung der Schattenkinder organisiert, die in der Hauptstadt für die Existenz und Anerkennung dieser Außenseiter demonstrieren soll. Der vorsichtige und ängstliche Luke hält das Unternehmen für zu gefährlich und verweigert Jen die Gefolgschaft; beide trennen sich im Streit. Es dauert einige Zeit, bevor Luke wieder das Haus seiner Freundin betritt, denn Jen hatte nach ihrem Aufbruch in die Hauptstadt die geheimen Signale Lukes nicht mehr erwidert. Luke findet das Haus leer, der Versuch, per Internet den Kontakt zu Jen oder anderen Schattenkindern aufzunehmen, misslingt. Durch einen internen Alarm aufgeschreckt, erscheint plötzlich Jens Vater, von dem Luke erfährt, dass Jen nicht mehr am Leben ist. Die Regierung hat alle Demonstranten erschießen lassen. Fassungslos muss Luke auch erfahren, auf welche Weise Jens Vater seine Tochter so lange hat schützen können: Er arbeitet selbst für die Bevölkerungspolizei. Als seine Kollegen auf der Suche nach dem Internetuser das Haus durchsuchen wollen, wird Luke von ihm versteckt, doch es ist dadurch klar, dass Lukes Existenz auch in seiner eigenen Familie nicht mehr sicher sein wird. Durch Jens Vater erhält er falsche Papiere und eine neue Identität. Noch am gleichen Tag verabschiedet er sich von seiner Familie und bricht auf – in eine neue, ungewisse Zukunft.

Erzählstruktur und Sprache

Der Roman ist in dreißig Kapitel gegliedert, von denen keines mehr als zehn Seiten umfasst. Obwohl die einzelnen Kapitel keine Überschriften tragen, sondern lediglich durch die Ziffern voneinander abgesetzt werden, erleichtert ihre Kürze sowie die vergleichsweise große Schrifttype auch ungeübten Lesern die Lektüre.

Die Handlung wird linear erzählt (es gibt weder eine Rahmenhandlung noch Rückblicke), die Orte der Handlung beschränken sich auf einige wenige Schauplätze: das Haus von Luke und seiner Familie und hier vor allem der Dachboden, auf dem Luke leben bzw. sich verstecken muss, sowie das Haus von Jen.

Erzählt werden die Ereignisse durchgehend aus der Perspektive des zwölfjährigen Luke in Er-Form. Der geradlinige Erzählfluss wird auch hier weder durch Perspektivwechsel noch durch andere, komplexere Erzählformen durchbrochen, so dass den Lesern alle Ereignisse aus der Sichtweise des Protagonisten vermittelt werden. Diese Darstellungsweise fördert die Identifikation mit dem Protagonisten, was von entscheidender Bedeutung ist, da innerhalb des Romans durchgängig innere Handlung (Luke reflektiert über den sein Leben beherrschenden Zwang, sich verstecken zu müssen, über die daraus resultierende Langeweile und Einsamkeit) und äußere Handlung (z. B. die Auseinandersetzungen Lukes mit seinen Eltern und seinen Brüdern, die Beobachtung der neuen Häuser, die Entdeckung des Gesichts, das Verlassen des Hauses, das Zusammentreffen mit Jen und am Ende das Versteckspiel mit der Bevölkerungspolizei) einander abwechseln und in entscheidender Weise zum Aufbau einer sich gegen Ende hin zunehmend steigernden Spannung beitragen.

Spannungsgeladene Höhepunkte des Romans bilden dabei Lukes Entdeckung, dass sich in einem der Neubauten offenbar auch ein Kind versteckt *(»Doch da bemerkte Luke hinter einem der Fenster etwas aus den Augenwinkeln. Ein Gesicht. Ein Kindergesicht. In einem Haus, in dem es bereits zwei Jungen gab.«* S. 50), seine Auseinandersetzung mit Jen, ob er an der Demonstration der Schattenkinder teilnehmen soll oder nicht (S. 128 f.), und am Ende das Aufeinandertreffen zwischen Luke, Jens Vater und der Bevölkerungspolizei (S. 158 f.).

Eine rasche Herangehensweise an den Roman ermöglicht auch das sehr überschaubare Personenspektrum, das sich lediglich aus dem Protagonisten Luke selbst, seinen Eltern und seinen Brüdern, die jedoch lediglich am Anfang kurz in Erscheinung treten, sowie Jen und ihrem Vater zusammensetzt.

Bettina Münch hat den Text aus dem Amerikanischen in sehr ansprechender Weise in eine einfache, keineswegs aber simple Sprache übertragen, die auch den Spagat zwischen den eher reflexiven sowie den vorwiegend handlungsorientierten Passagen mühelos überbrückt. Zu den Leistungen der Übersetzerin in diesem Kontext zählen auch die gelungenen Neuschöpfungen etlicher für die Handlung relevanter Begrifflichkeiten. Das beginnt bereits bei dem deutschen Titel des Romans ›Schattenkinder‹, der sehr viel mehr als der amerikanische Originaltitel ›Among the hidden‹ (›Unter den Versteckten‹) dazu angetan ist, die Neugierde der jugendlichen Leser zu wecken; das gilt aber auch für die Begrifflichkeiten innerhalb des Romans selbst, wie etwa dem Begriff »Bevölkerungspolizei«. Diese Termini, zu denen allerdings noch, vor allem im letzten Drittel des Romans, etliche Begriffe und Fremdworte aus dem Bereich der Politik hinzukommen (u. a. Totalitarismus, Propaganda, Genozid), tragen erheblich zur Stützung der Authentizitätsfiktion bei. Selbst wenn sich dem Leser die genaue Bedeutung dieser Fremdworte durch den Handlungskontext erschließt und für die erste Lektüre eine Erklärung nicht unbedingt erforderlich ist, sollten sie im Unterricht doch erläutert und gemeinsam besprochen bzw. gemeinsam nach Definitionen gesucht werden.

Didaktische Überlegungen

Der Inhalt des Romans weist Berührungspunkte zu mehreren kinder- bzw. jugendliterarischen Genres auf und bietet damit zugleich unterschiedliche Themenschwerpunkte, die den Lesern auch unterschiedliche Anknüpfungspunkte ermöglichen. Auf einer ersten Ebene handelt es sich hier um einen utopischen Roman in der Tradition von Huxleys ›Schöne neue Welt‹ und Orwells ›1984‹. Ein Außenseiter, hier der zwölfjährige Luke, dessen Außenseitertum wie in vielen utopischen Erzählungen nicht auf bestimmten persönlichen Eigenschaften beruht, sondern allein auf der Tatsache seiner Existenz, sieht sich konfrontiert mit einem allmächtigen, alles überwachenden Staat, dem er scheinbar hilflos ausgesetzt ist. Die Faszination aller, auch und gerade der an Kinder und Jugendliche gerichteten utopischen Romane, beruht auf dieser Grundkonstellation: Es findet sehr schnell eine Identifikation des Lesers mit diesem mehr oder weniger auf sich gestellten Individuum statt, die wesentlich getragen wird von dem Spannungsmoment, ob und auf welche Weise es dem Protagonisten gelingt, die am Ende siegreiche Auseinandersetzung mit der scheinbar übermächtigen Macht aufzunehmen. Die Tatsache, dass eine Auseinandersetzung von Beginn an unumgänglich erscheint, verbindet den utopischen Roman mit dem Genre der Abenteuererzählung, durch die wiederum Elemente von

Spannung und Unterhaltung in die Handlung integriert werden, die ihrerseits zur Steigerung des Lesevergnügens beitragen können.

Zentrales Merkmal aller utopischen Romane ist die Evokation einer so genannten »Anderswelt«, die von den Lesern auch schnell als eine solche erkannt wird. Auch jüngere Schüler wissen sehr gut, dass weder hier noch in den USA, wo die Handlung offenkundig angesiedelt ist, die Nahrungsmittel so knapp geworden sind, dass ein Gesetz erlassen werden muss, nach dem jede Familie nicht mehr als zwei Kinder bekommen darf, und mögliche Zuwiderhandlungen mit harten Strafen, ja, mit dem Tod sanktioniert werden.

Es kann jedoch davon ausgegangen werden, dass die Schüler als intensive Nutzer von Medien, und hier insbesondere des Fernsehens, bereits Kenntnisse über die in unseren Augen rigide Bevölkerungspolitik, d.h. der so genannten Ein-Kind-Politik, in China besitzen, ein Wissen, das vielfache Anknüpfungspunkte an die Grundkonstellation der Erzählung bietet und für die Diskussion nutzbar gemacht werden kann.

Ganz analoge Fragestellungen können sich ergeben im Zusammenhang mit den innerhalb der Erzählung wiederholt angesprochenen Lebensmittelverknappungen und den sich daraus ergebenden Konsequenzen für die Bevölkerung. Die Meldungen über Missernten, Nahrungsknappheit, Hungersnöte und Überbevölkerung sind ebenfalls fester Bestandteil der täglichen Nachrichten und damit im Bewusstsein der Kinder als ein Problem globalen Ausmaßes verankert. Auch dieses Wissen kann gegebenenfalls für die Lektüre nutzbar gemacht werden.

Die Auseinandersetzung mit realen gesellschaftspolitischen Gegebenheiten im Kontext einer utopischen Erzählung ist deshalb von zentraler Bedeutung, da jede utopische Erzählung für einen Leser erst dann »funktioniert«, wenn sie trotz Evokation einer »Anderswelt« zugleich genügend Anknüpfungspunkte an dessen ganz reale Lebens- und Erlebniswelten bietet.

Haddix' Erzählung bietet nun eine Vielzahl von »Links«, durch die das utopische Konstrukt der Erzählung – Lukes Existenz als Außenseiter und Schattenkind – verbunden wird mit den Lebenswelten jugendlicher Leser, wobei hier zu unterscheiden wäre zwischen realistischen Gegebenheiten bzw. Szenen, die von den jugendlichen Lesern direkt wiedererkannt und auch benannt werden können, und den entwicklungspsychologischen Strukturen, die zwar ebenfalls das Identifikationspotenzial jugendlicher Leser erhöhen, jedoch primär von den Vermittlern erkannt und benannt werden können.

Zu jenen Szenarien, die jedem jugendlichen Leser aus dem eigenen Erfahrungsbereich nur zu gut vertraut sind, zählt Lukes Leben innerhalb seiner Familie, einer Familie zudem, die geprägt ist von vergleichsweise konventionellen Rollenzuschreibungen. Luke ist der jüngste von insgesamt drei Brüdern; das Verhältnis zwischen den Geschwistern oszilliert zwischen Nähe (die älteren Brüder, die ja ein halbwegs »normales« Leben führen können, empfinden durchaus Solidarität mit Luke und verraten ihn nicht), der alltäglichen Kabbelei untereinander und nicht zuletzt einer gehörigen Portion Gleichgültigkeit (als sich Lukes häusliche Bewegungsfreiheit unter dem Druck der veränderten

Umstände immer weiter einschränkt und er auch überhaupt nicht mehr ins Freie kann, wird dies von den Brüdern zunächst bedauert, später jedoch mit einem Achselzucken als gegeben hingenommen).

Von vertrauter »Normalität« ist auch das Verhältnis Lukes zu seinen Eltern, das vordringlich geprägt ist von bedingungsloser Liebe zu ihrem Kind (das sie ja schließlich gegen den Widerstand des Staates bekommen und behalten haben). Davon abgesehen werden die Eltern jedoch durchaus unterschiedlich in Szene gesetzt. Beherrscht von der Sorge um seine Familie erscheint der Vater eher als wortkarg, mitunter abweisend, reglementierend; er kann weder seine Sorgen noch seine steigenden Aggressionen gegen die restriktive Politik der Regierung offen artikulieren, sondern wendet sie stattdessen gelegentlich gegen die eigene Familie (vgl. etwa die Szene, als Luke verbotenerweise das Brot backt; S. 48/49). Zu einem richtigen Gespräch mit Luke, wie es sich dieser ersehnt, ist er nicht fähig, die Stille zwischen ihm und seinem Sohn überbrückt er durch intensives Radiohören. Ganz anders die Mutter, die ihre Sorge um Luke in Nähe, Wärme, ja fast in einer Art Überbehütung des Jungen kompensiert und sich auch nur schwer damit abfinden kann, auch tagsüber das Haus zu verlassen und Luke allein lassen zu müssen. Zudem fühlt sie sich zuständig für die Harmonie innerhalb der Familie, sie ist bestrebt, dass alle Familienmitglieder trotz der schwierigen Situation zu ihrem Recht kommen, und versucht daher immer wieder Luke auch die Position des Vaters verständlich zu machen.

Ein weiteres sehr vertrautes Aktionsfeld und zugleich Projektionsfläche bieten dem jugendlichen Leser die ausführlichen Schilderungen der Freundschaft zwischen Luke und Jen, und dies umso mehr, als sich diese Freundschaft in einem elternfreien Raum abspielt: Beide können sich nur ohne Wissen der Eltern treffen, d.h. sie wählen bewusst Zeitpunkte aus, wenn sie sicher sein können, dass die jeweiligen Eltern abwesend sind. Es ist in diesem Zusammenhang von nicht geringer Bedeutung, dass sich diese, für Luke so zentrale Freundschaft auch abseits der üblichen Peer-Group-Konstellationen entwickelt, die in diesem Alter mehrheitlich keine gegengeschlechtlichen Freundschaften mehr zulassen. Luke hat keine Freunde, er kennt daher auch nicht die geschlechtsspezifischen Vorlieben und »Vorschriften« seiner Altersgruppe, so dass er dem Mädchen Jen vollkommen unvoreingenommen begegnen kann.

Auch Jen ist, allerdings aus völlig anderen Gründen, eine Identifikationsfigur für die Leser, gerade weil sie als Konterfigur zu Luke angelegt ist. Nicht nur ist sie älter als Luke und entstammt einer anderen gesellschaftlichen Schicht (der der so genannten »Barone«), sie verfügt auch über wesentlich mehr Erfahrung als Luke: Sie besitzt einen falschen Einkaufspass und geht regelmäßig mit ihrer Mutter zum Einkaufen. Und auch darüber hinaus ist sie ständig mit der Welt »draußen« verbunden, denn das Internet erlaubt ihr den Kontakt mit anderen Schattenkindern, aber auch die Möglichkeit, Informationen über die Machenschaften und Manipulationen der Regierung einzuholen. Nicht zuletzt ist Jen auch von ihrem Wesen her ganz anders als Luke: sie ist selbstbewusst, mutig, aufbrausend und emotional, wo er zurückhaltend, vorsichtig, ängstlich und reflektierend ist. Die Freundschaft zwischen beiden gelingt jedoch gerade aufgrund dieser offenen Gegensätze. Obwohl die Begegnung mit Jen für Luke eine neue Welt eröffnet und er mehr und mehr von Jens Anschauungen geprägt wird, ist er jedoch nicht bereit dafür seine ureigentliche Persönlichkeit aufzugeben: Als er es ablehnt, Jen auf der geplanten Demonstration zu begleiten, kommt es zum Bruch zwischen ihnen, der erst kurz vor Schluss wieder notdürftig gekittet wird. In der Freundschaft zwischen den beiden Hauptfiguren wird zugleich das zentrale Thema der Erzählung gestaltet: der stetig voranschreitende Selbstfindungs- und Entwicklungsprozess des Protagonisten.

Es macht die Besonderheit dieser der äußeren Handlung unterlegten entwicklungspsychologischen Strukturen aus, dass die Leserinnen und Leser hier auf einer Metaebene mit einem Spiegelbild ihrer eigenen Entwicklung konfrontiert werden. Ohne dass diese Prozesse in der Erzählung explizit benannt werden, sind sie bereits daran zu erkennen, dass allein Luke im Verlauf der Handlung einen solchen Entwicklungsprozess durchläuft, während alle anderen Figuren »statisch« erscheinen.

Wie die potenziellen Leserinnen und Leser steht auch Luke an einem zentralen Abschnitt seines Lebens: an der Schwelle von familial geprägter Geborgenheit zur außenweltlich geprägten Unsicherheit, an der Schwelle zur Adoleszenz, die sich hier vor der Folie einer utopischen Außenhandlung vollzieht. Der Beginn der Erzählung zeigt Luke noch als unmündiges, unselbstständiges Kind, dessen Aktionsradius vollkommen auf das häusliche, familiäre Umfeld begrenzt ist und das keine dieser Vorgaben auch nur ansatzweise infrage stellt. Durch äußere Umstände (hier die Rodung des Waldes und die Errichtung der Neubauten) wird die hermetische Abgeschlossenheit der Familie gleichsam

»aufgeweicht«, denn die äußeren Umstände beginnen das Leben der Familie zu verändern; Luke seinerseits beginnt – zunächst noch vom sicheren Refugium seines Dachbodenzimmers aus – mit der Beobachtung dieser Welt. Die Außenwelt wird immer wichtiger für ihn; gleichzeitig beginnt ein vorsichtiger Ablösungsprozess von der Familie, zunächst von den Brüdern, die kaum noch in Erscheinung treten, stärker dann von der Mutter, die ihn nicht mehr ins Bett bringen darf. Erste Unabhängigkeitsbestrebungen, wie etwa das Brotbacken in Abwesenheit der Eltern, können vom Vater noch sanktioniert werden, den entscheidenden »Schritt ins Freie« unternimmt Luke in einem weiteren Entwicklungsschritt dann auf eigene Verantwortung – bewusst hinter dem Rücken der Eltern: Indem er das Haus verlässt und das allein von ihm entdeckte Schattenkind aufsucht, erobert er sich erstmals einen eigenen Freiraum, von dem die Eltern nichts ahnen.

Zum neuen Freiraum kommen neue Bezugspersonen (hier personifiziert in Jen), die in ihrer Wichtigkeit fast an die der Eltern heranreicht. Schon die Freundschaft zu Jen steht für den Eintritt in eine neue Welt, hinter der bereits weitere Welten zu erahnen sind, was von Jen ja auch explizit ausgesprochen wird: *»›Ich bin deine Fahrkarte nach draußen‹«* (S. 76). Innerhalb der Freundschaft nimmt Luke die Position des Lernenden, Jen die der Lehrenden ein; mit ihrer Hilfe beginnt er einige Mechanismen der Außenwelt zu durchschauen und ihr Einfluss auf ihn ist so groß, dass Luke in der Lage ist, sein von ihr erworbenes Wissen an den Vater weiterzugeben (vgl. den Dialog zwischen Vater und Sohn über einen möglichen Gemüseanbau im Keller, S. 105 f.). Gleichzeitig muss Luke die Erfahrung machen, dass der eigene Vater weder allmächtig noch allwissend ist: Als ihm die Regierung den Anbau im Keller verbietet, kann der Vater nur in hilflosem Schweigen reagieren und Luke keine Gründe für diese Verfügung nennen (S. 116 f.).

Lukes Entwicklungsprozess verläuft jedoch keineswegs kontinuierlich: Er erlebt regressive Phasen, als er aus Vorsicht, vor allem aber aus Angst, nicht an der Demonstration der Schattenkinder teilnimmt, und er muss erleben, dass die neuen Welten voller Gefahren und Unsicherheiten sind, dass offenbar nichts mehr ist, wie es scheint. Den Höhepunkt dieser Erfahrung bildet sicher die Begegnung Lukes mit Jens Vater am Ende der Erzählung, denn Jens Vater erweist sich als ein Mann, der zwar seine Tochter vor allen Gefahren zu schützen versuchte, gleichzeitig jedoch für die Bevölkerungspolizei arbeitet, was ihn wiederum in die Lage versetzt, Luke vor seinen Kollegen zu schützen und ihm eine neue Identität zu verschaffen.

Der Identitätswechsel (aus Luke Garner wird Lee Grant) sowie das Verlassen des Elternhauses sind sichtbare Zeichen für das Ende der Entwicklungsphase, worauf die letzten Sätze der Erzählung auch eindeutig verweisen: *»Und dann, so schien es, war in Windeseile alles Vertraute am Horizont verschwunden. Lee Grant drehte sich um, um zu sehen, was vor ihm lag«* (S. 176). Aus dem unselbstständigen Außenseiter und Schattenkind Luke ist endgültig ein Heranwachsender geworden, bereit für die Herausforderungen der Welt.

Gabriele von Glasenapp

Methodische Anregungen

Vorbereitende Hausaufgaben:

Was stellt ihr euch unter einem Buch vor, das ›Schattenkinder‹ heißt? Stellt Vermutungen über den Inhalt/die Thematik des Buches an!

Aufgaben zu den einzelnen Kapiteln:

Kapitel 1: S. 7–11
- Nach der gemeinsamen Lektüre von Kapitel 1: Welche Personen kommen vor? Was erfahren wir über sie?
- Welches Geheimnis umgibt Luke? Stellt Vermutungen darüber an.

Kapitel 2: S. 12–18
- Anlegen von Personenpostern: Stellt in Gruppen Informationen, Eigenschaften, Veränderungen und Entwicklungen der Hauptpersonen zusammen. Ergänzt sie während eurer Lektüre. Sucht dazu aussagekräftige Textpassagen.
- Legt ein weiteres Poster auch für »die Regierung« an: Sammelt Informationen darüber, was diese Regierung alles kann, tut oder anordnet. Welche Bereiche sind davon betroffen?
- Versetzt euch in Lukes Brüder. Welchen Eindruck machen sie auf den ersten Blick? Was bedeutet die Existenz von Luke für sie? Was fehlt ihnen alles, auf was müssen sie verzichten?

Kapitel 3: S. 19–27

- S. 26 unten: *»Luke würde es nicht ertragen.«* (Falls die Eltern ihm den Blick durch den Ventilator verbieten würden)
  Was geht Luke in diesem Moment durch den Kopf?
- Malt ein Bild: Was sieht Luke, wenn er aus seiner Dachluke schaut?
- Malt weitere Bilder nach der Lektüre von Kapitel 7 und 8: Was verändert sich für Luke?

Kapitel 4: S. 28–30

- S. 30 unten: *»Das könnt ihr nicht machen, das ist ungerecht!«* Stellt euch vor, Luke hätte diesen Satz nicht nur gedacht, sondern auch ausgesprochen: Schreibt ein (Streit-)Gespräch, das Luke mit seiner am Tisch sitzenden Familie führen könnte.

Kapitel 5: S. 31–34/Kapitel 6: S. 35–37

- Welche Veränderungen ergeben sich im Leben von Luke?
- S. 37 unten: *»Und wer bleibt bei mir? Mit wem soll ich mich tagsüber unterhalten, wenn alle anderen draußen sind?«* Setzt die Gedanken Lukes fort: Welche Sorgen macht er sich? Was fürchtet er?

Kapitel 7: S. 38–43

- Beschreibt den neuen Tagesablauf von Luke.
- S. 40, Z. 18–22: Setzt den Tagtraum von Luke fort: Was könnte Luke sich alles wünschen?
- S. 43, Ende des Kapitels: Welche Gedanken könnten Luke nach dem Gespräch mit der Mutter durch den Kopf gehen?

- Die Mutter kehrt vom Dachboden nach unten zurück. Entwerft ein mögliches Gespräch zwischen den Eltern: Was könnten sie sich in dieser Situation sagen?

Kapitel 9: S. 51–53/Kapitel 10: S. 54–58

- S. 55, Z. 14/15: *»Was war nur mit ihm los? Nichts hatte sich geändert.«* Stimmt das? In welcher Verfassung ist Luke in diesen beiden Kapiteln? Hat er sich doch verändert? Sucht Adjektive im Text oder findet eigene, die Lukes Verhalten/Zustand beschreiben.

Kapitel 11: S. 59–60

- S. 60, letzter Satz: *»Die Frage war nur, was sollte er mit diesem Wissen anfangen?«*

  Welche Möglichkeiten hat Luke eurer Meinung nach? Was würdet ihr ihm raten? Schreibt einen Brief an Luke, in dem ihr ihm alle Vor- und Nachteile seiner möglichen Handlungsweise darlegt.

Kapitel 13: S. 64–65

- S. 64: *»Das wahre Leben war draußen.«* S. 65: *»Zu Hause war er in Sicherheit.«*

  Was denkt Luke über »draußen« und »drinnen«? Was denkt er über sein Elternhaus? Sucht die entsprechenden Stellen in diesem Kapitel und erklärt sie.

Kapitel 14: S. 66–69/Kapitel 15: S. 70–76

- Beschreibt das Mädchen Jen: Wie verhält sie sich? Was habt ihr für einen ersten Eindruck von ihr?

Kapitel 16: S. 77–86

– Versetzt euch nach diesem Tag in Luke oder Jen und schreibt über den jeweils anderen einen Tagebucheintrag.
– Bezieht dabei die Kapitel 15 und 16 mit ein.

Kapitel 17: S. 87–97

– S. 90: Um Luke vertrauen zu können, hat Jen Luke überprüft: *»›Ich habe dich im Computer überprüft und festgestellt, dass du sauber bist, du existierst nicht.‹ (…) Luke fühlte sich etwas merkwürdig, als er Jen so schnoddrig sagen hörte: ›Du existierst nicht.‹«*
  Warum fühlt er sich merkwürdig? Versucht euch in seine Lage zu versetzen und geht seinen Gedanken nach.
  Kennt ihr andere Beispiele von Menschen, die es zwar gibt, die jedoch offiziell nicht existieren? Sammelt Informationen darüber und stellt sie den anderen vor.
– S. 97, letzter Satz: Jen fordert Luke auf mit zur Kundgebung zu kommen: *»›Wäre das nicht toll?‹«*
  Teilt euch in Gruppen ein und diskutiert die Pro- und Contra-Argumente. Was spricht dafür, an dieser Kundgebung teilzunehmen, was dagegen? Gäbe es andere Formen des Protests?
– S. 97: Jen plant eine Kundgebung der Schattenkinder vor dem Präsidentenpalast: *»›Und wir geben keine Ruhe, bis sie uns die gleichen Rechte zugestehen wie allen anderen.‹«*
  Entwerft Plakate/Transparente für die Demonstration. Was könnten die Schattenkinder fordern? Welche Argumente müssten sie verwenden? (s. z.B. Kap. 17!) Mit welchen Parolen könnten sie auf sich und ihre Probleme aufmerksam machen?

Kapitel 19: S. 103–109

- Schlagt die Begriffe *Propaganda* und *Genozid* nach und schreibt in euren eigenen Worten eine kurze Erläuterung.
- Stellt zusammen, was die Regierung auf dem Versorgungssektor alles anordnet/kontrolliert. Welche Folgen ergeben sich daraus auch für andere Bereiche der Menschen? Vervollständigt euer Poster über »die Regierung«.

Kapitel 20: S. 110–115

- S. 113: *»Er [Luke] versuchte sich vorzustellen einen anderen Namen anzunehmen, bei einer anderen Familie zu leben und ein anderer Mensch zu sein. Es ging nicht.«*
  Am Abend denkt Luke noch einmal über diese Möglichkeit nach: Warum geht es nicht? Was hindert ihn an dieser Möglichkeit der »Rettung«? Schreibt einen Tagebucheintrag aus der Sicht Lukes.

Kapitel 22: S. 124–131

- S.130: *»›Hoffen ist zwecklos. (…) Auf das Handeln kommt es an.‹«*
  Kennt ihr solche Situationen aus eurem Alltagsleben? Diskutiert mit eurer Nachbarin/eurem Nachbarn in der Klasse über mögliche (Konflikt-)Situationen, die ihr aus der Schule kennt.

Kapitel 23: S. 132–133

- S. 133: *»Luke schluckte schwer, dann riss er sich zusammen. Was dachte er sich denn dabei? Er konnte niemandem von Jen erzählen. Er durfte sie nicht verraten.«*
  Könnte es auch noch andere Gründe geben, warum sich

Luke seiner Mutter nicht anvertraut? Inwiefern hat sich ihr Verhältnis geändert?
Gibt es Dinge, die ihr euren Eltern nicht erzählt? War das immer so oder gab es Veränderungen?

- S. 133: *»›Mir geht es gut‹, log er. (...) Und versteckte sich damit wieder einmal.«*
  Was ist damit gemeint? Nehmt auch Bezug auf die Gespräche mit Jen.

Kapitel 24: S. 134–136

- Luke begründet noch einmal seine Weigerung mitzukommen, diesmal erwähnt er nicht seine Angst: S. 135/136: *»›Ich kann immer noch nicht mitkommen. Es tut mir Leid. Es hat etwas damit zu tun, dass meine Eltern Farmer sind und keine Anwälte. Und dass wir nicht zu den Baronen gehören. Es sind Leute wie du, die die Geschichte verändern. Leute wie ich – wir fügen uns dem Lauf der Dinge.‹«*
  Was meint Luke damit? Stimmt ihr ihm zu oder habt ihr eine andere Einstellung? Begründet eure Meinung!

Kapitel 25: S. 137–139

- Auf was für eine Nachricht wartet Luke? Schreibt zwei kurze Beiträge für die Radio-Nachrichten: eine, die sich Luke erhofft, und eine, die die Regierung eurer Meinung nach gerne verbreiten würde.

Kapitel 28: S. 151–157

- Nach dem Geständnis von Jens Vater, er arbeite für die Bevölkerungspolizei, rastet Luke völlig aus. Stellt euch vor, was Luke in Sekundenschnelle alles durch den Kopf gehen könnte. Wie könntet ihr seine »Gedankenfetzen« sprachlich am besten zum Ausdruck bringen?

- S. 152: Jens Vater behauptet: *»(…) ›manchmal muss man hinter den feindlichen Linien operieren.‹«* Was ist damit gemeint? Versucht Beispiele dafür zu finden. Beurteilt diese Haltung! Bezieht auch Kap. 29, S. 160 mit ein: *»›Und die Ehrenfeier, bei der ich dafür ausgezeichnet wurde, dass ich vierzig Illegale entfernt habe, die habt ihr wohl auch verpasst?‹«*
- S. 154: *»›Wir haben eine totalitäre Regierung und totalitäre Regierungen mögen die Wahrheit nicht.‹«*
  Schlagt den Begriff »totalitär« nach und erklärt ihn mit euren eigenen Worten.
  Wie erklärt Jens Vater das Funktionieren dieses Systems? (vgl. S. 154–157)

Kapitel 29: S. 158–168

- In Kap. 20 steht über Luke, S. 113: *»Er versuchte sich vorzustellen einen anderen Namen anzunehmen, bei einer anderen Familie zu leben und ein anderer Mensch zu sein. Es ging nicht.«*
  Warum geht es jetzt doch? Was hat sich für Luke geändert?
- Luke entscheidet sich am Ende für falsche Papiere, damit er etwas tun kann. Sind seine Gedanken/Pläne, die er auf S. 167 äußert, eurer Meinung nach realistisch? Habt ihr weitere/andere Vorschläge? Diskutiert in Gruppen darüber und erstellt eine Vorschlagsliste!
- S. 168: *»Vielleicht konnte er, gerade weil er kein Baron war, Fortschritte erzielen, wo Jen gescheitert war – weil er nicht ihre Einstellung teilte, dass die Welt ihm etwas*

schuldig war. Er war geduldiger, vorsichtiger und praktischer als sie.«
Was ist damit gemeint? Hat Luke etwas von Jen gelernt?

Kapitel 30: S. 169–176

- S. 169: *»Seine Kleidung war ihm egal, aber er wünschte, sie hätten ihm wenigstens seinen Namen gelassen.«* Warum ist ihm das so wichtig? Was bedeutet ihm sein Name?
- Luke verlässt als 12-jähriger Junge sein Elternhaus und wird in einem Internat leben. Versucht euch in seine Situation hineinzuversetzen: Was wird er vermissen? Was wird ihm schwer fallen? Könnte es auch Vorteile für ihn in seinem neuen Leben geben?
- Was wünscht ihr Luke Garner/Lee Grant am Ende der Lektüre? Schreibt ihm einen Brief!
- Wie könnte es mit Lee Grant weitergehen? Habt ihr Ideen für einen Fortsetzungsband?

Es existieren bereits zwei Fortsetzungsbände, ein weiterer ist in Vorbereitung:

- Margaret Peterson Haddix: ›Schattenkinder. Unter Verrätern‹ dtv 70770
- Margaret Peterson Haddix: ›Schattenkinder. Die Betrogenen‹ dtv 70788

Es gibt die Möglichkeit, zwei lesewillige Schüler mit der Lektüre zu beauftragen und sie nach Beendigung des ersten Bandes zu bitten den anderen die Fortsetzungen vorzustellen – auch im Vergleich zu den in der Klasse erarbeiteten Vorschlägen, wie es mit Luke/Lee weitergehen könnte. Im vorliegenden Fall wollten jedoch ausnahmslos alle Schülerinnen und Schüler die weiteren Bände individuell lesen.

Fächerübergreifender und fächerverbindender Unterricht bietet sich u. a. mit den Fächern Erdkunde, Geschichte oder Religion an. So haben die Schüler z. B. von sich aus das Thema Bevölkerungsproblematik in China thematisiert, aber auch Themenbereiche wie »Familie und soziale Rolle«, »Freundschaft« oder »Die Würde der Person« (vgl. Lehrpläne) eignen sich für Anknüpfungspunkte.

Christine Klostermann

Anmerkung

[1] Das Buch wurde in einer 6. Gymnasialklasse der Kopernikusschule in Freigericht erprobt.

UNTERRICHTSVORSCHLAG 5

ANNETT REICHE/URSULA ZIERLINGER

Amy Goldman Koss:
Vorsicht Freundinnen! (70759)
Aus dem Amerikanischen von
Gabriele Kosack
5.–7. Schuljahr

Eine Clique von fünf Freundinnen zerbricht an den Strukturen, denen sich die Mädchen unterworfen und die sie akzeptiert und zelebriert haben. Amy Goldman Koss schildert den psychischen und physischen Stress, der in einer Gruppenhierarchie erzeugt wird, die von einer Person dominiert wird. Von den anderen wird absolute Gläubigkeit und Bewunderung gefordert. Lohn dafür ist die Exklusivität *ihrer* Gruppe, d.h.

- beliebt sein,
- beneidet werden,
- geschützt sein,
- Stärke nach außen demonstrieren.

Goldman Koss kommt mit ihrer Darstellung sehr nah an die Erwartungen und Hoffnungen von Kindern, die in ihrem wichtigsten außerfamiliären Umfeld – ihren Peergroups – anerkannt und sozial integriert sein möchten.

Zum Text

Inhalt

Die fünf Freundinnen Candace, Darcy, Brianna, Renée und Maya erleben drei Tage, in denen ihre Beziehungen aufs Äußerste belastet und infrage gestellt werden. Plötzlich, völlig unerwartet sieht sich Maya ausgegrenzt, als sie eher zufällig erfährt, dass bei Darcy eine Party stattfindet – ohne sie.

Samstag
Maya schlägt sich mit Selbstzweifeln herum, wird telefonisch von Darcy erneut gekränkt, begreift aber nicht, wieso sie plötzlich nicht mehr dazugehört. Die anderen vier Mädchen verbringen den Samstag und die Nacht zum Sonntag im Haus von Darcys Eltern. Der Ausschluss Mayas ging von Candace aus, der Königin der Clique. Über ihre Gründe spricht sie nicht. Die Freundinnen reagieren unterschiedlich im Spektrum von bedingungsloser Zustimmung, Verunsicherung und deutlicher Irritation. Kritik wird aber nicht offen geäußert.

Die Hackordnung wird sehr eindringlich vorgeführt: Wer nicht mitzieht bei Candaces Urteilen über andere, ihren Witzen, ihren hämischen Bemerkungen, wer eigene Kränkungen nicht lächelnd schluckt, der riskiert selbst direkte oder auch subtile Attacken, die an Psychoterror grenzen.

Sonntag
Maya bleibt mit ihrer Enttäuschung und Wut allein, aber sie fängt auch an die Beziehungen zu ihren Freundinnen und ihre eigene Rolle zu analysieren.

Die anderen Mädchen werden von ihren Eltern nach Hause geholt und versuchen ebenfalls ihre eigene Position zu klären. Die Familienbeziehungen, die Probleme der Einzelnen gewinnen Kontur und ihre Verhaltensmuster werden deutlicher. Darcy bleibt in totaler Abhängigkeit von Candace, während die beiden anderen – Brianna und Renée – innerlich auf Distanz gehen, aber Angst davor haben, sich offen zu Maya zu bekennen. Brianna hilft am Sonntagnachmittag Candace auf die kleineren Geschwister aufzupassen und bringt dabei vorsichtig zur Sprache, wie man sich am nächsten Tag in der Schule Maya gegenüber verhalten solle. Candace reagiert sofort, indem sie jetzt Brianna telefonisch bei Darcy diffamiert, die in der Schule ihr williges Sprachrohr sein wird.

Montag
Für Brianna, Renée und Maya ist es ein Tag, an dem sie sich überwinden müssen in die Schule zu gehen.

Maya hat Angst, weiteren Demütigungen unterworfen zu werden. Brianna und Renée müssen sich zu Maya bekennen, wenn sie ihrem Gewissen und ihren guten Vorsätzen folgen, und laufen damit Gefahr, dass sie selbst Zielscheibe von Spott und übler Nachrede werden. Aber sie schaffen es, zueinander zu finden, und überwinden gemeinsam ihre Angst und ihre Abhängigkeit von Candaces Gunst.

Für Candace ist es ein Tag, an dem sie neue interessante Beziehungen ansteuert. Die Auserwählte ist Nicole, deren üppige rote Haare sie schon immer faszinierend fand. Darcy sieht die Konkurrenz, fügt sich aber, will um keinen Preis

Candace aufgeben oder von ihr aufgegeben werden. Nicole jedoch überlegt bereits, wie sie Darcy loswerden kann. Das Spiel beginnt mit anderen Karten erneut.

Zum Text

Goldman Koss entwickelt ihre Studie über die Bedeutung von Freundschaften für Kinder im vorpubertären Alter über die Innensicht der beteiligten Mädchen.
Sie erzählt
- linear,
- aus wechselnden Perspektiven,
- zeitlich begrenzt auf drei Tage,
- typisierend,
- in altersgerechter Sprache.

So gelingt eine dichte Vorführung der emotionalen und intellektuellen Anspannung, in die die Mädchen durch die Krise in den stabil geglaubten Gruppenbeziehungen versetzt werden.

Die Reaktion von Schülerinnen einer sechsten Klasse zeigt, dass das Identifikationsangebot des Romans angenommen wird, obwohl der Konstruktionscharakter, Typisierungen und Rollenklischees durchschaut werden.

1. Die Exklusivität erhält die Gruppe durch Candace, die »Pantherin« (S. 42). Candace kann alles, was in diesem Alter begehrt ist, denn sie ist hübsch, bewegungsbegabt und ihre Klamotten samt Accessoires sind immer »in«. *»Candace legte großen Wert auf Klamotten, war immer bis ins letzte Detail durchgestylt und achtete sehr darauf, was alle*

anderen trugen, bis hin zu den Schuhen. Nichts entging ihr.« (S. 102 f.). Da sie zudem sehr schlagfertig ist, Meinungen und Wertungen sprachlich auf den Punkt bringen kann, wird sie sowohl bewundert als auch wegen ihrer spitzen Zunge gefürchtet.

Wer zu ihrer Gruppe gehört, ist in der Schule automatisch in die Elite der Anerkannten aufgenommen. Als Candace eines Tages Maya, die erst relativ kurze Zeit in der Schule ist, mit ihrer Gunst beehrt, ändert sich für Maya alles. Maya hatte sich zwar arrangiert, war aber Außenseiterin geblieben. Ihre Eltern, Immigranten, haben zudem nicht den sozialen Status wie die der meisten anderen Mädchen. *»Ich hatte mich gefühlt wie im Paradies. Sie war so beliebt, und weil sich mich auserwählt hatte, war ich auf einmal auch beliebt.«* (S. 50) In der Sprache Mayas heißt das: *»Denn Candace schwebte vom Himmel herab und hob mich zu sich empor«* (S. 50).

2. Wie Candace willkürlich Mädchen in ihre Clique aufnimmt, so lässt sie sie auch wieder fallen. Die Mädchen genießen durch Candace eine herausgehobene Stellung in der Schule und grenzen klar diejenigen aus, die nicht »dazugehören«. Andererseits stehen sie im Zwang, alles zu tun, was ihre »Königin« will, um nicht in Ungnade zu fallen. Ein gutes Beispiel für Candaces fast sadistische Art, ihren Hofstaat in Zucht zu halten, ist ein Tierspiel bei der Samstagsparty: Sie ist die Pantherin, Darcy gehört zu den winzigen englischen Rennhunden mit spitzen Schnäuzchen und Rattenschwänzchen, Renée ist eine Schildkröte, Brianna ein Spatz und die gerade verstoßene Maya eine Kakerlake (S. 38–42). Die Reaktion ist vorgeschrieben. Man hat la-

chend alles einzustecken. Die wahren Gefühle müssen versteckt werden. Nicht nur Brianna empfindet diese Spielchen so, *»als müssten wir über glühende Kohlen laufen oder Ähnliches, um zu beweisen, wie viel wir einstecken konnten«* (S. 39).

3. Renée und Brianna gelangen über die Reflexion ihrer Erfahrungen mit Maya zu der Einsicht, dass Maya immer eine zuverlässige Freundin war, hilfsbereit und verschwiegen. Sie ermutigt sogar andere gegen ihre Ängste und Schwächen zu kämpfen, ohne es weiterzuerzählen oder sich darüber lustig zu machen. Als Renée mit ihrer feinfühligen Unterstützung ihre Höhenangst zugibt und überwindet, verliert sie den anderen gegenüber kein Wort darüber, stellt sie nicht bloß (S. 56/57). Sie ist auch diejenige, die sich um andere kümmert, wenn sie in Not sind (S. 91). Trotzdem fällt es den beiden schwer, sich zu Maya zu bekennen, da sie sich zunächst nicht aus der Fixierung auf Candace lösen können. Sie wissen, was auf dem Spiel steht, wenn sie die Entscheidung der Cliquenchefin auch nur infrage stellen. Als Brianna dies schließlich tut (S. 95), wird sie sofort mit Telefonrundruf abgestraft (S. 97 f.).

Maya wird durch den Ausschluss in ein schmerzliches Wechselbad von Selbstzweifel und Wut gestürzt. Doch auch sie begreift, dass diese Freundschaft, die ihr zwar über Nacht die Integration in die mächtigste Clique der Schule bescherte, für sie immer belastend war, ihre Selbstbestimmung gefährdete. Als sie aus Versehen fast von ihrem Lieblingsbaum fällt, sich vorstellt, dass sie hätte sterben können, begreift sie, was das für die anderen bedeuten würde. *»Sie* *würden natürlich denken, sie hätten mich so fertig gemacht, dass ich mein Leben nicht mehr für lebenswert hielt«*, und *»tief im Innern würden sie sich gut fühlen, weil sie so viel Macht hatten.«* (S. 82)

Alle drei überwinden ihre Ängste, können sich am nächsten Schulmorgen zueinander bekennen und sind fast augenblicklich wie erlöst. Sie müssen nicht mehr darauf achten, ob sie etwas Falsches sagen, müssen nicht mehr »cool« bleiben, wenn sie verletzt werden, müssen andere nicht schlecht machen. Der Bann ist gebrochen: *»Wir sind Dornröschen und wurden vom Prinz geküsst! Trara, die Hexe ist tot! Wir sind frei!«* (S. 136).

In treuer Gefolgschaft zu Candace bleibt Darcy. Sie hat keine Chance, Selbstprofil zu gewinnen. Positive Verhaltensmöglichkeiten, wie sie ihr von Mutter und Schwester vorgelebt werden, kann sie nicht akzeptieren, da sie damit überfordert ist. Sie sieht die beiden als »Hexe und Petze«, deren Erwartungen sie nicht erfüllen kann und will. Auf Vorhaltungen reagiert sie trotzig und fühlt sich in die Ecke gestellt. Selbstwert bezieht sie nur, indem sie sich über Candace definiert: *»Mir würde es trotzdem immer gut gehen – ich hatte Candace!«* (S. 75).

4. Candace selbst kommt im Roman relativ wenig zu Wort. Lediglich dreimal werden ihre Gedanken zum Geschehen in den Handlungsverlauf eingebaut, die der anderen doppelt so oft, Maya noch häufiger. Darin liegt einerseits inhaltliche Konsequenz, denn Maya ist die direkt Bedrängte und muss ihre Reaktionsmöglichkeiten ausloten, während die anderen eher indirekt, moralisch betroffen sind. Andererseits ist ihre Darstellung, literarisch gesehen, ein Bruch. Candace, die

Queen, ist frei von Selbstzweifeln, motiviert nicht einmal ihr Verhalten.

Ihre Eigenwahrnehmung steht unreflektiert im Vordergrund. Möglicherweise wollte die Autorin mit dieser Charakterisierung die krankhafte Persönlichkeitsstruktur deutlich machen.

In der Wirkung funktioniert diese Darstellungstechnik, denn Candace wird einerseits als das eiskalte Biest vorgeführt, das sich um andere nur schert, wenn es dem eigenen Wohlbefinden dient. Der Hintergrund, auf den dieses Verhalten bezogen wird, ist einmal die Familiensituation: Candace verachtet ihre Mutter und schämt sich sogar für sie, die in der Sorge für die Familie aufgeht und sich vernachlässigt, und sie hasst ihre eigene Rolle als Kindermädchen für ihre kleineren Geschwister. Zu Hause muss sie oft ihre eigenen Bedürfnisse zurückstellen. Deshalb will sie in der Schule unbedingt das gegenteilige Profil zeigen: chic, selbstbestimmt und selbst dominant.

Andererseits verbirgt Candaces selbstsicheres Auftreten, dass sie zwanghaft unter Platz-, Raum- und Zeitangst leidet. Dinge, die sie nicht kontrollieren kann, versetzen sie schon in der Fantasie in Panik. So stellt sie sich bei einem Familienausflug in den Wald eine Brandkatastrophe und ungeheure Tiere vor. *»Die Dimensionen der Welt stimmten nicht mehr, wodurch ich zu einer Ameise schrumpfte … Ich wollte nach Hause, wollte weg von diesem Ort …«* (S. 46). Sie setzt sich ständig selbst unter Druck, um ihren Ängsten nicht ausgeliefert zu sein. *»Ich zwinge mich immer Sachen zu machen, vor denen ich Schiss habe, immer.«* (S. 45)

Als ihr klar wird, dass ihre bisherige Gruppe auseinander

bricht, orientiert sie sich sofort neu, lässt keinerlei Bedauern oder Skrupel erkennen. Ihre Ängste verdrängt sie, eine gedankliche Auseinandersetzung mit ihrem eigenen Verhalten lässt sie nicht zu, hält an ihrem Selbst»bild« fest. Erzähltechnisch geschickt wird deshalb am Ende des Romans eine neue Perspektive »eingewechselt«, die des Mädchens Nicole – der Beginn eines neuen Freundschaftsbündnisses unter denselben Vorzeichen.

Die Handlungsentwicklung ist für Kinder trotz der wechselnden Perspektiven leicht zugänglich, da die Linearität gewahrt wird. Zu Beginn des jeweiligen Perspektivenwechsels wird der inhaltliche oder auch thematische Zusammenhang deutlich hergestellt.

Die sprachliche Umsetzung bietet ebenfalls keine Lesewiderstände. Die Syntax ist einfach, die Wortwahl an der altersgemäßen Sprache orientiert. Breite dialogische Teile alternieren mit inneren Monologen, die teilweise in der umgangssprachlich üblichen Satzverkürzung konstruiert sind. Lesehemmungen werden damit abgebaut, die Identifikationsbereitschaft entsprechend gefördert.

Didaktische Überlegungen

Umgang mit dem Text

Die wenig komplexe Erzählstruktur bietet gleichwohl und gerade deshalb Möglichkeiten, Texterschließungsverfahren zu erproben. Intention und Wirkung perspektivischen Erzählens können vor allem auch die weniger Leseerfahrenen und Lesewilligen gut nachvollziehen. Die Handlungsfolge lässt sich rekonstruieren und werten ohne auf die jeweils subjektive Befindlichkeit einzugehen. Der Vergleich zwischen dem Plot und der individuellen Sicht der Personen bietet gute thematische Einstiegsmöglichkeiten: Was geschieht? Was ist für die Einzelnen wichtig? Welche Verarbeitungsmöglichkeiten haben sie?

Die einfachen Charakterisierungen und Reaktionsmuster sind leicht zu durchschauen, so dass die Erzähltechnik gut zu entdecken und zu erarbeiten ist:

- Typisierungen durch Aussehen, Outfit, Vorlieben und Abneigungen, sprachliche Besonderheiten
- Kontrastierung positiven und negativen Verhaltens
- Rückblenden in die Vergangenheit
- Verknüpfung von Realität und Unterbewusstsein (Traum)
- direkte, bildhafte Vergleiche
- Funktion von epischen und dialogischen Erzählteilen

Thematischer Schwerpunkt: Familie – Freundschaften

Das Buch bietet sich als Lektüre in der Orientierungsstufe an (5./6. Klassen). In fast allen Lehrplänen der Bundesländer wird in diesen Jahrgangsstufen »Das Kind in seinem direkten sozialen Umfeld« thematisiert. In einem Vergleich der Pläne kristallisieren sich folgende Schwerpunkte heraus: Sozialisation in der Familie, Freundschaften mit Gleichaltrigen, Außenseiter, Konventionen.

Goldman Koss stellt diese Probleme dar, die Kinder täglich bewältigen müssen, um den Erwartungen ihrer »Sozialverbände« gerecht zu werden. Der Schwerpunkt liegt sehr deutlich in der Schilderung der Bedeutung und Organisation von Freundschaft. Die Familiensituation dient als Basis, die Bedingungen und individuelle Reaktionsmöglichkeiten vorprogrammiert. Rollenkonflikte können nur dann positiv ausgetragen werden, wenn die Familie dem Kind Schutz gewährt, ihm hilft ein stabiles Selbstbild zu entwickeln.

Durch die teilweise sehr krasse Darstellung erreicht die Autorin emotionale Betroffenheit, so dass die Kinder über diese und ihre eigenen Probleme sprechen, auch miteinander ins Gespräch kommen.

In der Schule wollen Kinder zu festen Gruppen gehören. Das vermittelt ihnen das Gefühl, so angenommen zu werden, wie sie es im Normalfall in der Familie sind. Diese Freundschaften sind für die Entwicklung der Kinder von enormer Bedeutung. Sie sind ein wesentlicher Faktor für die Persönlichkeitsbildung. Konfliktträchtig werden solche Freundschaftsbeziehungen, wenn das Gleichgewicht gestört ist, wenn ein deutliches Gefälle zwischen einem »Führer« und den Übrigen besteht.

Das Fallbeispiel »Maya« dient der Autorin dazu, die Doppelwertigkeit dieser Art von Gruppenbeziehungen exemplarisch vorzuführen, in der zwar zunächst durch die Exklusivität der Freundschaftsgruppe die Einzelnen an Selbstwert zu gewinnen scheinen, die aber auf Zeit zerstörerisch wirkt.

In Korrespondenz zum hohen Stellenwert der Gruppenzugehörigkeit im vorpubertären Alter nimmt die Einflussmöglichkeit der Eltern ab. Kinder müssen sich in ihrem erweiterten sozialen Umfeld bewähren und stellen

Vergleiche an. Nicht nur die eigene Rolle muss neu definiert und gefunden werden, auch die Eltern, die Familie werden kritisch hinterfragt. Können Eltern den Bedürfnissen ihrer Kinder gerecht werden ohne dabei auf notwendige Anforderungen zu verzichten, sind die Chancen viel höher, dass Kinder stabile Selbstkonzepte entwickeln, ihre sozialen Beziehungen selbst gestalten und aussuchen können.

Im Roman wird die enorme Bedeutung von Anerkennung und Aussehen bei Mädchen in diesem Alter durchgespielt. Sie gehen dabei deutlich auf Distanz zu ihren Eltern, die aber vor allem in der äußeren Lebensorganisation der Mädchen noch dominant sind. D.h. sie müssen sich den Vorstellungen der Eltern unterwerfen, obwohl sie Kritik daran üben und obwohl sie Stärken und Schwächen der Eltern deutlich sehen und werten.

Goldman Koss typisiert auch hier sehr stark Verhaltensmuster und führt vor, wie Reflexionsfähigkeit, sozioökonomischer Status und Geschlecht der Eltern, hier insbesondere die Mütter, die Entwicklung der Mädchen hemmen oder fördern. So sind die Mütter profiliert als das gutmütige Familientier, die gefühllose, oberflächliche Schöne, die Engagierte mit Sozialberuf, die kühle, strenge Karrierefrau und die distanzierte, weltfremde Wissenschaftlerin. Die Väter bleiben etwas blasser, aber auch sie repräsentieren Rollenbilder: der gemütliche, besorgte Vater, der einfühlsame »Loser«. Der Rest tritt im Erziehungskonzept wenig in Erscheinung, hält sich weitgehend heraus.

Im Roman treten die Mütter dominant auf. Sie bestimmen weitgehend die Alltagsorganisation der Kinder, sie sind die wichtigsten Bezugspersonen in der Familie und greifen auch in die Gestaltung der außerfamiliären Kontakte ein. Entsprechend stark ist die Reibefläche.

Haben die Mädchen ein positives Mutterbild, dann sind sie auch eher in der Lage, Gruppenzwänge zu analysieren und sich schließlich zu widersetzen.

- *Candace:* entwickelt ihr Selbstwertgefühl im absoluten Gegenbild zur Mutter: chic, schön, unsozial, rücksichtslos, egoistisch.
- *Maya:* bewundert ihre Mutter, sieht sie als Vorbild und entwickelt Einfühlungsvermögen, Verantwortung und Zuverlässigkeit.
- *Darcy:* hasst ihre Mutter und ihre Schwester. Sie besitzt keine Ich-Stärke, ist leicht in Abhängigkeit zu bringen und tut alles, um ihren Schutz, Candace, nicht zu verlieren.
- *Renée:* distanziert sich innerlich von ihrer oberflächlichen »Modemutter«. Sie ist äußerlich unscheinbar, ängstlich, sehr zurückhaltend und leidet unter Streit und Trennung der Eltern. Aber sie ist eine aufmerksame Beobachterin, die deutlich zwischen Recht und Unrecht unterscheidet.
- *Brianna:* leidet unter der kühlen Distanziertheit ihrer Mutter und sehnt sich nach familiärer Wärme. Sie ist klug und reflektiert ständig über die Ereignisse und ihre eigene Rolle.

Die Familienstruktur wird zusätzlich »modellhaft« in Beziehung zum Verhalten der Mädchen gesetzt. Einzelkinder (Brianna, Renée) haben Probleme, sich durchzusetzen, sowohl in Bezug auf ihre Rolle in der Familie als auch in ihren Peergroups. In den Familien mit mehreren Kindern werden charakteristische Beziehungsmuster vorgestellt – Konkurrenz unter Geschwistern und Parteinahme der Mutter (Darcy), Ablehnung der arbeitsintensiven und stressigen Großfamilie (Candace) und Schutz und gegenseitige Akzeptanz (Maya).

Die Eltern- und Familienmuster sind zwar stark konstruiert, haben aber den Vorteil, dass Kinder sowohl viel Bekanntes entdecken, sich andererseits aber distanzieren können. Sie sprechen über ihre Probleme, gehen aus sich heraus, können aber jederzeit die »Notbremse« ziehen. So wie im Roman gegeben, ist ihre Situation denn doch nicht.

Die Lektüre ermöglicht eine Auseinandersetzung mit ihrer eigenen Situation und ihren Wünschen an Eltern und Freundschaftsbündnisse:

- Was ärgert mich an meinen Eltern? Wie wünsche ich sie mir? Wie schätze ich mein eigenes Verhalten ein?
- Warum möchte ich mit jemandem befreundet sein? Was ist mir wichtig in der Beziehung? Was will ich selbst in diese Freundschaft investieren? Muss ich mich in der Freundschaft Demütigungen aussetzen und/oder bin ich bereit selbst andere zu demütigen?

Jungen könnten sich zunächst einmal über die Lektüre lustig machen. Ein weit verbreitetes Mädchenbild wird hier – zumindest zu Beginn – weitgehend bestätigt. Vorurteile werden herausgefordert und müssen überprüft werden. Zudem sind die Themen Familie und Freundschaften natürlich auch für Jungen von hoher Bedeutung, so dass sie auch über ihre anderen Bedürfnisse aufgearbeitet werden können.

Fachübergreifende Aspekte

Da das Thema in vielen Lehrplänen verbindlich gemacht worden ist, sind vielfältige Verbindungen möglich, z.B.:

- Sozialkunde: Kinder in der Familie – Identifikation mit primären Bezugspersonen, tägliche Interaktionen in der Familie; Kinder in der Schule – gruppendynamische Prozesse, soziale Verantwortung, Mobbing
- Erdkunde: Leben und Arbeiten in der Bundesrepublik
- Biologie: Pubertät, Veränderung unseres Lebensraums
- Kunst: Erzählbilder – Alltag, Träume
- Religion: Werte, Vorbilder
- Fremdsprachen: Tagesabläufe, Briefe, Familienerlebnisse, Wohnung

Ursula Zierlinger

Methodische Anregungen

Bericht über eine Unterrichtsreihe zum Thema »Freundschaft«

Wie oben dargelegt, gehört das Thema »Freundschaft« zum thematischen Schwerpunkt der Lektüre. Da sich diese auf das Typisieren verschiedener Verhaltensweisen und Beziehungskonstellationen beschränkt und somit keine differenzierte Betrachtung des Themas »Freundschaft« vornimmt, entschied ich mich dieses Buch als eine Sequenz *innerhalb* des Themenblocks »Freundschaft« zu erarbeiten.

Themen / Sequenzen	**Kurzerläuterung**
EINSTIEG Eine Fantasiereise	emotional-assoziativer Einstieg in das Thema der Unterrichtsreihe
BEGRIFFSKLÄRUNG Freundschaft	Begriffsassoziationen → Erarbeitung einer Übersicht
Rund um die Freundschaft – Die Freundschaft in eigenen Worten ausdrücken – Die Freundschaft in den Medien finden – Die Freundschaft neugierig erkunden – Die Freundschaft im Gedicht entdecken	Erarbeitung und Besprechung verschiedener Aufgabenstellungen zum Thema »Freundschaft« → Bestätigung der (assoziativ-intuitiven) Begriffsklärung
DIE FREUNDSCHAFT IM GEDICHT ENTDECKEN – Ein Gedicht untersuchen und eine Vorgeschichte schreiben – Aus Wörtern ein Gedicht zusammensetzen – Ein Gedicht schreiben und eine Gedichtschachtel basteln	vertiefende Betrachtungen zu lyrischen Fachbegriffen und Aspekten → verknüpft mit Untersuchung der Thematisierungsmöglichkeiten des Themas »Freundschaft« in Gedichten

Themen / Sequenzen	**Kurzerläuterung**
– Aus einem Gedicht einen Rap herstellen	
KLASSENARBEIT	
DIE FREUNDSCHAFT IN EINEM BUCH FINDEN: AMY GOLDMAN KOSS: ›VORSICHT FREUNDINNEN!‹ – Titelbild – Figurencharakterisierung – Definition von Freundschaft im Buch – Kurzreferat zur Autorin	 – Gedanken und Gefühle zum Titelbild – Erarbeitung, Präsentation, Diskussion der Figuren und deren Charakterisierung – Hinterfragen der Auffassungen und des Lebens von Freundschaft

2. Ausführlichere Darlegung

Eine Fantasiereise

Bezogen auf das Rahmenthema ist die Fantasiereise[2] eine Sensibilisierungs- und damit Einstiegsmöglichkeit. Das heißt, die Schülerinnen und Schüler können auf einer emotional-assoziativen Ebene den Zugang zu einem Thema erlangen. Wichtig ist hierbei das vorherige Abwägen der Lehrkraft, inwieweit die Schülerinnen und Schüler für eine solche Methode offen sind. Denn ansonsten läuft man Gefahr, alberne, peinliche und damit kontraproduktive Reaktionen zu erzeugen. Genauso wichtig ist auch die Textauswahl und die Vortragsweise, denn hiermit entscheidet man, mit welcher Intensität auf die Kinder eingegangen wird.

In dieser Unterrichtsreihe entschied ich mich für eine Textvorlage von Uwe-Carsten Edeler[3]. Der Fantasiereise schloss sich der folgende Arbeitsauftrag an: *Schreibe alle deine Eindrücke auf, die du während der Fantasiereise erlebt hast.*

Die anschließende Besprechung der Eindrücke im Sitzkreis ergab, dass alle Schüler während der Reise eine innere Ruhe empfanden und ausschließlich positiv besetzte Assoziationen (Farben, Gedanken, Bilder usw.) erlebten. Dabei erstreckte sich das Spektrum der »gesehenen« Personen von Freundinnen und Freunden, über Elternteile, Geschwister bis hin zu nicht mehr lebenden engen Verwandten. Wichtig ist in dieser Phase, dass alle Beteiligten zu Wort kommen können. Eine Fantasiereise sollte meines Erachtens deshalb stets in einer Doppelstunde erfolgen. Die Erfahrung zeigt nämlich, dass es in Einzelfällen durchaus auch zu eher negativen und damit psychisch belastenden Assoziationen kommen kann. In solchen Fällen ist eine ausführliche Reflexion, ggf. in einem anschließenden Einzelgespräch, unabdingbar. Zudem möchte in der Regel auch jedes Kind etwas über seine Fantasiereise berichten.

Als weitere Verarbeitungsmöglichkeit des Erlebten erteilte ich die folgende Hausaufgabe mit einer geringen Konkretisierungsvorgabe, was die Textsorte anbelangt: *Schreibe einen Text, in welchem du deine Eindrücke verarbeitest.*

Auf diese Weise konnte jeder für sich selbst entscheiden, ob er lediglich die Fantasiereise nacherlebt und dabei verschriftlicht, oder ob er z. B. eine Geschichte zu dem Erlebten verfasst. In beiden Fällen musste man auf seine erlebten Gefühle und Gedanken zurückgreifen, um diese zu verarbeiten – und darin lag für mich der Aufgabenschwerpunkt. Denn in der Folgestunde sollten, nach dem Verlesen und kurzen Besprechen einiger Texte, die Gedanken und Gefühle zu einer näheren Bestimmung des Begriffes »Freundschaft« herangezogen werden.

Freundschaft

Nach dem Besprechen der Hausaufgabe erhielten die Schülerinnen und Schüler den folgenden Arbeitsauftrag: *Schreibe auf das erhaltene Blatt einen Begriff, der für dich eng mit dem Thema »Freundschaft« verknüpft ist.*

Nach einer kurzen Stillarbeitsphase wurden die gewählten Begriffe genannt, deren Auswahl kurz begründet und in der Mitte eines Sitzkreises auf dem Fußboden gesammelt. Alle Schüler, die denselben Begriff notiert hatten, legten ihre Zettel zusammen. (Bei dieser Vorgehensweise erweist es sich in dieser Altersstufe – und bei den derzeitigen Klassengrößen – als förderlich, wenn das Erteilen des Wortes visuell und haptisch, z. B. durch das Zuwerfen und Auffangen eines Balls erfolgt. Auf diese Weise redet immer nur der Ballbesitzer.)

Der Sammelphase schloss sich in einem von einer Schülerin und einem Schüler moderierten Unterrichtsgespräch ein Ordnen und Hierarchisieren an, wobei sich herausstellte, dass statt der Oberbegriffe Sätze formuliert werden sollten.

Auch bemerkten die Schüler, dass einige Begriffe durchaus mehreren formulierten Sätzen zugeordnet werden konnten. Die beiden Moderatoren entschieden, dass man sich der Einfachheit und Übersichtlichkeit halber auf eine Zuordnung beschränken sollte.

Anschließend wurde die erarbeitete Übersicht in die Hefte übertragen und als Fazit festgestellt, dass die Freundschaft ein Begriff mit vielfältigen Aspekten ist und sich deshalb nicht so ohne weiteres in einem Satz definieren lässt.

Ein Schüler übertrug die Übersicht in Hausarbeit auf ein Plakat, welches im Raum ausgehängt wurde.

Rund um die Freundschaft

Um das monotone Abarbeiten von Teilaspekten zum Thema Freundschaft zu vermeiden, entschied ich mich, in einer Reihe von Aufgaben die Schüler in Partnerarbeit zum selbstständigen Recherchieren und Aufbereiten der gesammelten Informationen anzuhalten.

Dafür formulierte ich verschiedene Arbeitsaufträge (s. Anhang), für deren Erarbeitung zwei Unterrichtsstunden zur Verfügung standen. Die Schüler wussten zudem aus vorherigen Deutschstunden, dass diese Aufgaben ebenfalls ihre Hausaufgaben umfassten, so dass sich jeder die Arbeitszeit entsprechend einteilen musste.

Die Präsentation und Diskussion der Ergebnisse verlief folgendermaßen: Ich fertigte für die einzelnen Themenbereiche separate Themenblätter mit den entsprechenden Aufgabenstellungen an, legte sie im Raum aus und forderte die Schülerinnen und Schüler auf ihre Ergebnisse neben diesen abzulegen. Anschließend ordnete ich jeder so eingerichteten »Station« Schüler zu und erteilte folgende Arbeitsaufträge:

1. Seht euch die jeweiligen Ergebnisse an und vergleicht diese mit unserer erstellten Übersicht zum Thema »Freundschaft«. Was stellt ihr fest?
2. Wählt das Ergebnis, das euch am besten gefällt, aus. Begründet eure Auswahl.

Die anschließenden Unterrichtsgespräche ergaben, neben einer kritischen Reflexion der Arbeitsweisen und Arbeitsergebnisse, mehrfache Übereinstimmungen mit der bereits erstellten Übersicht, so dass die folgende (als Hausaufgabe gestellte) Aufgabe den Abschluss der Sequenz »Begriffsklärung« bilden konnte: *Erkläre mithilfe deiner Notizen, was du persönlich unter »Freundschaft« verstehst.*

Die Freundschaft im Gedicht entdecken

Zu Beginn dieser Sequenz griff ich eines der von den Schülern gewählten Gedichte aus den zuvor erarbeiteten Aufgaben auf, und zwar ›Du bist da, und ich bin hier‹ von Frantz Wittkamp[4]. Nach einer kurzen Besprechung der Inhalte und erweckten Gefühle erteilte ich die folgenden Arbeitsaufträge:

1. Lies das Gedicht nochmals in aller Ruhe aktiv.
2. Schreibe in Stichpunkten auf, welche inhaltlichen, sprachlichen und formalen Besonderheiten auffallen.

Im Rahmen der Auswertung konnten somit (Fach-)Begriffe wie »lyrisches Ich«, »Strophenaufbau«, »Reimschema«, »Rhythmus«, »Gegensatzpaare« und »künstlerische Freiheit« erarbeitet und am Text belegt werden.

Zur Anwendung des Gelernten erhielten die Schüler folgende Aufgabe:

– *Wähle aus geeigneten Quellen (Büchern, Internet) ein Gedicht aus, in dem das Thema »Freundschaft« thematisiert wird. Untersuche auch hier die inhaltlichen, sprachlichen und formalen Besonderheiten.*[5]

Die Ergebniskontrolle bzw. -sicherung wurde mithilfe aller Schüler gewährleistet, indem die Arbeitsergebnisse innerhalb der Klasse beurteilt wurden. Drei Schüler stellten ihre Ergebnisse dem Plenum zur Diskussion.

Die Freundschaft in einem Buch finden

Bevor die Schülerinnen und Schüler die Lektüre erhielten, sollten sie anhand des Bildes vom Einband Gedanken und Gefühle sowie Vermutungen zum Inhalt des Buches formulieren. Die Art und Weise der Bildgestaltung führte die Schüler sehr schnell zu der Idee, dass es um eine Mädchenclique gehen müsse, welche entweder mit einer Anführerin oder einer Außenseiterin in Konflikt stehe. Entsprechend wurden auch mögliche Buchtitel gewählt.

Dieser Einstiegsphase folgte das Einteilen der Klasse in Gruppen, wobei eine Gruppe aus jeweils zwei Mädchen und zwei Jungen bestand. Auf diese Weise wollte ich das Bilden reiner Jungen- und Mädchengruppen unterbinden. Denn da dieses Buch für Mädchen größere Identifikationsmöglichkeiten bietet als für Jungen, sah ich die Gefahr, dass die Jungen sich nicht auf das Buch »einlassen« würden und darunter wiederum die Arbeitshaltung leiden könnte.[6]

Fünf Gruppen wies ich je eine Figur des Buches und einen Arbeitsauftrag zur Erarbeitung einer Figurencharakterisierung mit Visualisierung auf einem Plakat zu:

– Lest das Buch ›Vorsicht Freundinnen!‹ von Amy Goldman Koss und notiert euch alle Merkmale zur Figur Renée (bzw. Candace, Maya, Brianna, Darcy).
– Erstellt anschließend ein Plakat, auf welchem ihr Renée (bzw. Candace, Maya usw.) mit all ihren Eigenschaften darstellt. Hinweis: Erinnert euch daran, dass man eine Figur nicht nur durch ihre äußeren Merkmale, sondern ebenso durch ihre Charaktereigenschaften beschreiben kann.

Zwei Gruppen erhielten den Auftrag, die Beziehungen der Mädchen untereinander zu analysieren und ebenfalls auf einem Plakat zu visualisieren:

– Lest das Buch ›Vorsicht Freundinnen!‹ von Amy Goldman Koss und notiert euch alle Informationen, die ihr zu der dort beschriebenen Mädchenclique erhaltet. Achtet besonders darauf, in welcher Beziehung die Mädchen zueinander stehen.
– Erstellt anschließend ein Plakat, auf welchem ihr in geeigneter Weise die von euch ermittelten Beziehungen darstellt. Versucht dabei so wenig Text wie möglich zu verfassen.

Für diese Gruppenarbeitsphase hatten die Schüler vier Unterrichtsstunden Zeit. Sie organisierten entsprechend ihre Schularbeits- und Hausaufgabenzeit.

Auf die Erarbeitung folgte die Präsentation, Besprechung und Ergänzung der Arbeitsergebnisse. Dazu musste jede

Gruppe ihre Figur vorstellen und ein Tafelbild, welches wir vorher bzgl. seiner Strukturierung gemeinsam festlegten, vervollständigen. Die Schüler übernahmen die Tafelbilder in ihre Hefter und ergänzten in einer Diskussion der Präsentation das Tafelbild, ihre Aufzeichnungen und das jeweilige Plakat.

Am Ende einer solchen Präsentation erfolgte stets eine Reflexion von Inhalt, Form und Gestaltung durch die Zuhörer. Meine Funktion beschränkte sich in dieser Zeit auf das Beobachten und gelegentlich helfendes Eingreifen.

Im Anschluss daran erfolgte in Analogie das Präsentieren, Diskutieren und Reflektieren der Beziehungskonstellationen innerhalb der Mädchenclique.

Den Abschluss dieser Sequenz bildeten das Hinterfragen der Definition von Freundschaft in diesem Buch sowie ein Kurzreferat zur Autorin.

Über die Lektüre hinausgehend

Diese Unterrichtsreihe kann mit pantomimischen Darstellungsmöglichkeiten zum Thema »An- und abfreunden« beendet werden.

Annett Reiche

Anmerkungen

[1] Klasse 6d, Hohe Landesschule Hanau

[2] Diese Assoziationstechnik war den Schülerinnen und Schülern aus dem bisherigen Deutschunterricht bekannt.

[3] Textauszug:
»Du sitzt entspannt auf dem Stuhl, stellst deine Füße auf den Boden, legst deine Hände auf die Oberschenkel und schließt die Augen.
Vergiss alle Gedanken, die dich stören.
Dein Gesicht ist ganz gelöst und entspannt.
Nacken und Schultern werden schwer,
du fühlst deinen Körper. Der Körper, deine Arme, deine Hände werden ganz schwer, gelöst und ruhig. Die Oberschenkel, die Unterschenkel, die Beine, die Füße werden schwer.
Dein ganzer Körper ist jetzt ruhig und entspannt.
Deine Gedanken sind frei.
Stell dir vor: Du stehst da. Allein.
Du siehst in die Ferne.
Du denkst an einen Menschen, der dir viel bedeutet.
Er kommt aus der Ferne langsam auf dich zu. Du siehst den ganzen Menschen. Du siehst, wie er auf dich zugeht und dich dabei anschaut. Du siehst ihn dir genau an. Du betrachtest seinen Kopf: die Haare, die Haarfarbe, die Frisur, das Gesicht, die Augen, die Nase, den Mund. Dieser Mensch lächelt, er freut sich, dich zu sehen, er kommt immer näher, er kommt auf dich zu, er blickt dir direkt in die Augen. Du siehst ihm auch in die Augen. Du freust dich, diesen Menschen zu sehen, diese Stimme zu hören und zu hören, was er sagt. Auch du sagst etwas Schönes zu dem Menschen, und du siehst, wie er sich über deine Worte freut. Er reicht dir seine Hand, du nimmst sie und hältst sie fest.
Ihr geht zusammen. Nicht woher dein Freund kommt, nicht woher du kommst, ihr findet eine neue Richtung.
Stell dir vor, wohin ihr zusammen geht. Die Landschaft. Die Umgebung. Das Ziel. Wo seid ihr?
Atme tief. Was riechst du? Was riecht ihr? Sieh hin: Was siehst du? Was seht ihr? Hör zu: Was hörst du? Was hört ihr? Was fühlst du? Was fühlt ihr?
Spüre dein Gefühl bei dem Wort:
gemeinsam.
[…]
Öffne jetzt die Augen. Atme tief durch, balle deine Hände zur Faust, recke und strecke deine Arme und Beine.« [Edeler, S. 72 f.]

Weitere Hinweise zu Texten finden sich bei Müller, E.: Du spürst unter deinen Füßen das Gras. Frankfurt am Main: Fischer 1983.

4 ›Du bist da, und ich bin hier‹ von Frantz Wittkamp, in: H. J. Gelberg (Hrsg.): Großer Ozean. Gedichte für alle. Weinheim: Beltz & Gelberg 2000, S. 11.

5 Die Schülerinnen und Schüler haben die Möglichkeit, sowohl in den Pausen als auch im Unterricht eine Schülermediothek mit Internetzugang zu nutzen.

6 Die Reaktion der Jungen auf das Lesen des Buches bestätigte meine Vermutung, denn sie hielten die Konflikte zunächst für »Weiberkram«. Die Zusammenarbeit mit den Mädchen ließ sie im Laufe der Zeit ihre Haltung hinterfragen.

Literatur

Bachmann, Helen I.: Kinderfreundschaften. Freiburg: Herder 1996.

Baumbusch, Ellen/Laub, Hansjörg: Gedichte. 5.–6. Schuljahr. Kopiervorlagen und Materialien. 2. Auflage. Berlin: Cornelsen Scriptor 2002 (Lernen an Stationen in der Sekundarstufe I).

Edeler, Uwe-Carsten: Anregungen für einen offenen, projektorientierten Deutschunterricht. 5. und 6. Jahrgangsstufe (für Real-, Gesamt-, Mittelstufen und Gymnasien). Mit Kopiervorlagen. Stuttgart; Düsseldorf; Leipzig: Klett 2000 (= nachgeforscht und vorgestellt).

Wagner, Jürgen: Kinderfreundschaften. Wie sie entstehen – was sie bedeuten. Berlin: Springer 1994.

Brandstädter, Jochen: Entwicklung, Intentionalität, Handeln. Stuttgart: Kohlhammer 2001.

Kranz, Dirk: Selbstkonzept und Selbstwert fördern die Selbstständigkeit. www. Familienhandbuch.de.2002.

Anhang

Aufgabenstellungen rund um das Thema »Freundschaft«

Die Freundschaft in eigenen Worten ausdrücken

- Stelle dir vor, du möchtest dich mit jemandem anfreunden. Überlege dir, auf welche Weise du dein Interesse an einer Freundschaft ausdrücken kannst, und schreibe es auf.
- Liste alle Probleme auf, die sich deiner Meinung nach einer Freundschaft entgegenstellen können. Hinweis: Denke dabei an solche, die sich aus den Charakteren der Freunde ergeben, aber auch an solche, die die äußeren Bedingungen und andere Menschen schaffen.
- Beantworte schriftlich, ob man sich unter Freundinnen bzw. Freunden alles sagen kann oder ob man auch vor ihr oder ihm ein Geheimnis bewahren darf. Begründe deine Antwort.

Die Freundschaft in den Medien finden

- Suche bis zur nächsten Woche Zeitungsartikel, in deren Mittelpunkt das Thema »Freundschaft« steht. Klebe die Artikel auf ein Blatt Papier. Schreibe auf, wo und wann du sie gefunden hast. Unterstreiche die Sätze, in denen von Freundschaft die Rede ist.
- Schneide einige Freundschaftsanzeigen aus Jugendzeitschriften heraus. Achte darauf, ganz unterschiedliche Formulierungen, Wünsche und Bedingungen herauszusuchen. Beschreibe die Unterschiede. Finde heraus, wie viel eine Anzeige kostet.

- Finde zwei Witze, eine Karikatur, eine Werbeanzeige und ein Foto, in denen es um Freundschaft geht. Beschreibe, was dir daran gut oder nicht so gut gefällt.

Die Freundschaft neugierig erkunden

- Führe unter mindestens zehn Menschen verschiedenen Alters und unterschiedlichen Geschlechts eine schriftliche Befragung zum Thema »Freundschaft« durch. Zeige mir deine formulierten Fragen, bevor du sie jemandem stellst.
- Befrage vier Personen, die dir nahe stehen, ob sie dir Geschichten, Bücher, Gedichte, Filme und Musicalsongs nennen können, bei denen »Freundschaft« im Mittelpunkt steht. Schreibe auf, wie die Werke heißen, wer sie geschaffen hat und was sie dir dazu erzählt haben.

Die Freundschaft im Gedicht entdecken

- Wähle aus den Büchern der Mediothek (oder einer anderen Bibliothek) zwei Gedichte aus, in denen das Thema »Freundschaft« thematisiert wird. Schreibe es sauber ab und illustriere es so, dass die Stimmung und der Inhalt zum Ausdruck kommen. Beschreibe nun ausführlich auf einem anderen Blatt, weshalb du dieses Gedicht ausgewählt hast.

UNTERRICHTSVORSCHLAG 6

ALEXANDER JOIST

Henning Mankell:
Der Hund, der unterwegs zu einem Stern war (70671)
Aus dem Schwedischen von Angelika Kutsch
6./7. Schuljahr

Der 11-jährige Joel wächst bei seinem Vater Samuel Gustafson in Nordschweden auf. Da seine Mutter vor Jahren verschwunden ist, muss Joel ihre Aufgaben im Haushalt übernehmen. Eines Tages glaubt Joel einen Hund gesehen zu haben und gründet einen Geheimbund, um den Hund zu suchen. Da er in seiner Schulklasse durch seine Träumerei und familiäre Situation ein Außenseiter ist, bleibt er zunächst einziges Mitglied in diesem Geheimbund. Ture, ein neu hinzugezogener Junge aus reichem Haus, wird schließlich Mitglied im Geheimbund und übt großen, aber gefährlichen Einfluss auf Joel aus, so dass dieser zu gewalttätigen Streichen gegen die Außenseiterin Gertrud und zu lebensgefährlichen Mutproben verführt wird.

Zum Text

Inhalt

Der elfjährige Joel wächst bei seinem Vater Samuel Gustafson, einem Waldarbeiter und ehemaligen Seemann, in Nordschweden auf. Seine Mutter Jenny hat die Familie vor

Jahren fluchtartig und unangekündigt verlassen. Dieser Verlust lastet noch immer schwer auf Vater und Sohn und prägt ihr Leben nachhaltig. Ihr Handeln und Denken kreisen um die verlorene Mutter und Lebensgefährtin.

Da im Jahre 1956 in Nordschweden kaum ein Kind ohne Mutter aufwächst, wird Joel zum Außenseiter und Gespött der Schulklasse. Verstärkt wird diese Rolle durch seine ärmliche häusliche Situation. Als Waldarbeiter kann der Vater weder eine große, moderne Wohnung bezahlen noch seinem Sohn die üblichen Geschenke machen. Deshalb gibt es in Joels Wohnung weder einen Elektroherd noch besitzt Joel ein Fahrrad wie alle anderen Schüler.

Infolge dieser familiären und schulischen Situation wächst Joel nicht nur isoliert und einsam auf, sondern muss auch eine nicht altersgemäße Verantwortung übernehmen und den Haushalt alleine führen (vgl. S. 25). Seine Einsamkeit wird durch den Vater kaum gemildert, denn dieser hat als Waldarbeiter nur wenig Zeit für ihn. Deshalb verwundert es kaum, dass der Vater die Veränderungen und Entwicklungen im Leben seines Sohnes erst relativ spät registriert. So bemerkt er das Kaffeetrinken und somit das langsame Erwachsenwerden des Sohnes erst, als dieser schon lange Kaffee trinkt.

Obwohl der Sohn viele Fragen zu Mama Jenny hätte, wird dieses Thema in den gemeinsamen Gesprächen ausgespart bzw. vom Vater abgeblockt. Stattdessen erzählt der Vater Joel Geschichten von seiner Zeit auf See. Manchmal sitzt der Vater aber auch abends in der Küche, trinkt viel Alkohol und betrachtet alte »abgegriffene« Fotos von Jenny sowie Seekarten. Diese Abende verdeutlichen sein beruflich und privat gescheitertes Leben. Die Gründe für das Scheitern seiner Beziehung zu Jenny bleiben in diesem Roman, dem ersten der Joel-Tetralogie, unklar. Erst im vierten Band – ›Die Reise ans Ende der Welt‹ – erklärt Jenny Joel ihre Flucht.

Im vorliegenden Roman bleibt Jenny eine Leerstelle. Nur weniges erfährt Joel (und mit ihm der Leser): sie hat braune Haare und braune Augen und ist ein unruhiger Mensch, für den die Stille und Einsamkeit Nordschwedens nicht zu ertragen sind. Jenny bildet allerdings den geheimen Fluchtpunkt des Romans: Vater und Sohn sehnen sich nach ihr. Joel will denn auch seine Mutter kennen lernen, um sich selbst zu erkennen und eine eigene Identität zu entwickeln. Diese Suche nach sich selbst in Verbindung mit der Suche nach der Mutter bildet das durchgehende Motiv aller Joel-Romane.

Aufgrund seiner trostlosen Lebenssituation verwundert Joels Flucht in eine Traumwelt kaum. In fast allen Träumen Joels wird das Schiff zur Metapher für ein anderes, schönes und unbeschwertes Leben, manchmal gar für ein heiles Leben mit Mutter und Vater. Ein zentraler Traum Joels verbindet denn auch die Motive »Schiff« und »Mutter« (vgl. S. 20). Zusammen meistern hier Vater, Mutter und Sohn die Probleme des Lebens bzw. die Schiffbrüche.

Joels Einsamkeit zeigt sich jedoch nicht nur in seinen Träumen, sondern auch in der Gründung eines Geheimbundes, in dem er das einzige Mitglied stellt. Ziel ist die Suche nach einem Hund, der unterwegs zu einem Stern ist. Daraus wird auch der Name abgeleitet: »Snehduzesi«. Diesen Hund hatte Joel (angeblich) in einer kalten Winternacht von seinem Zimmerfenster unter einer Straßenlaterne herumstreunen gesehen. Offensichtlich bildet der Hund eine

Projektionsfläche für Joels Situation und Sehnsucht: Joel wie der Hund sind einsam und fänden im anderen einen Freund.

Der Hund wird zum Titel gebenden Ausgangspunkt der Romanhandlung. Von nun an streift Joel nachts durch die kleine Stadt auf der Suche nach dem Hund, während er tagsüber todmüde in der Schule sitzt. Seine nächtlichen Erlebnisse hält er in seinem »Logbuch« fest, einem Tagebuch, das er unter dem Schiffsmodell »Celestine« in der Küche versteckt. Joel versucht gleichsam sein Leben in das erträumte abenteuerliche Seefahrerleben zu überhöhen.

In diesem »Logbuch« notiert der Junge seine Erlebnisse und Gefühle, zunächst in klaren, knappen und leicht verständlichen Formulierungen, später aber in verschlüsselten und bildhaften Botschaften. Auch dies kann als Zeichen für Joels Vereinsamung gelesen werden: Er vertraut niemandem seine Gefühle und Erlebnisse an, hat aber auch keine Bezugsperson, der er sein Leben mitteilen könnte.

Joels Leben erhält zwar durch den Geheimbund vage Richtung und Sinn, bleibt aber weiterhin das Leben eines Träumers und Einzelgängers. Zwei Ereignisse verändern sein Leben maßgeblich: Papa Samuels neue Freundin und ein neu hinzugezogener Junge namens Ture.

Seine Isolation wird durch »Sara mit dem roten Hut«, der neuen Freundin des Vaters, so weit verschärft, dass er an Selbstmord denkt. Errettet wird er aus dieser Situation durch den Eigenbrötler Simon Urväder, der nach seiner Rückkehr aus einer geschlossenen Anstalt ins Dorf keinen Sinn mehr in seinem Leben sah. Simon, der weise Einsiedler, fährt Joel zum »See der vier Winde« und erteilt ihm hier eine wichtige

Lektion, indem er sein eigenes befreiendes Erlebnis auf diesem See erzählt. Auch Joel macht hier eine ähnliche Erfahrung, nämlich dass die Einstellung zum Leben das eigene Lebensgefühl maßgeblich mitbestimmt (vgl. S. 128).

Diese Einsicht verändert teilweise Joels Leben. Kurz darauf findet eine Annäherung zwischen Papa Samuel, Sara und Joel statt, als der Vater den Sohn nach einem etwas vertraulicheren und offeneren Gespräch bittet ihn zu Sara zu begleiten. Joel fühlt sich einbezogen und akzeptiert Sara, auch wenn diese ihm die leibliche Mutter nicht ersetzen kann.

Parallel zu dieser Entwicklung verläuft ein anderer, zentraler Handlungsstrang, nämlich Joels Freundschaft mit Ture, dem Sohn des neuen Richters. Ture bildet einen deutlichen Gegenpol zu Joel, denn er hat all das, was Joel fehlt. Er ist gebildet und reich, sein Vorbild ist Leonardo da Vinci, ein für Joel unbekannter Mann, und sein Zimmer ist so groß wie Joels gesamte Wohnung. Entsprechend selbstbewusst und selbstsicher bis an die Grenze der Arroganz ist sein Auftreten.

Ture wird Mitglied im Geheimbund und verändert diesen grundlegend. Der selbstsichere Junge gewinnt Macht über Joel und den Geheimbund, er gibt die neue Marschroute und Aufgabe der geheimen Aktivitäten an. Nicht mehr die Suche nach einem merkwürdigen Hund, der unterwegs zu einem Stern ist, steht nun im Mittelpunkt des Interesses, sondern Gewalt gegen andere. Beispielsweise streuen die Jungen der nasenlosen Gertrud, die durch eine missglückte Operation zur entstellten Außenseiterin geworden ist, Ameisen ins Haus.

Das Bündnis zwischen den Jungen eskaliert, als Joel ein Treffen des Geheimbundes wegen der oben genannten Annäherung zu Sara und Papa Samuel verpasst. Deshalb muss er eine zuvor abgemachte Mutprobe erfüllen. Er muss über den hohen Bogen der großen Brücke am Fluss klettern. Diese Aktion ist Höhe- und Wendepunkt der Romanhandlung. Joel überkommt auf dem höchsten Punkt der Brücke, offensichtlich Symbol für den spannenden Höhepunkt der Krise, Angst und klammert sich an dem Stahlgerüst fest. Erst sein Vater kann ihn von dort befreien. Dadurch lernt Joel eine wichtige Lektion auf dem Weg zum Erwachsenwerden: Eigenständiges Denken und Handeln sind lebenswichtig. Gerade dies hat er unter dem Einfluss von Ture verloren. Als Joel seine misslungene Mutprobe von Ture später vorgehalten bekommt, wird ihm dessen gefährliche und hinterhältige Macht bewusst.

Joel reagiert auf die Kritik Tures mit seiner Faust, hat aber zunächst noch Angst vor dessen Reaktion, doch als diese ausbleibt, erkennt Joel die Unsicherheit hinter der Fassade der Arroganz und kann sich endgültig von Ture befreien. Er schließt diesen aus dem Geheimbund aus.

Distanz zu Ture und Nähe zum Vater sind zwei Seiten derselben Medaille: Je vertrauter die Beziehung zwischen Joel und Papa Samuel, desto problematischer und distanzierter wird die Freundschaft mit Ture. So gesteht Papa Samuel Joel nach der überlebten Mutprobe nämlich: *»›Du hättest dich zu Tode stürzen können, Junge‹, sagt Papa Samuel plötzlich, als ob er wüsste, was Joel gedacht hat. ›Das hätte ich nie überlebt.‹ […] Da weiß Joel, dass Papa Samuel ihn nie verlassen wird. Niemals wird er das tun, was Mama Jenny getan hat«* (S. 173). Die Verunsicherung und

Vereinsamung durch den Verlust der Mutter wird durch dieses offene Geständnis des Vaters gelindert. Infolgedessen braucht Joel den Hund, der unterwegs zu einem Stern und der genauso einsam wie er selbst ist, nicht mehr. Endlich akzeptiert Joel sich selbst, wie er ist. Sein Weg zum Erwachsensein ist durch seine Erfahrungen mit Papa Samuel und Sara, mit Ture, Simon und Gertrud ein entscheidendes Stück vorangetrieben worden, den Hund sieht er nie wieder.

Aufbau, Struktur und Sprache

Henning Mankell hat den Roman in acht Kapitel unterteilt. Kapitelüberschriften fehlen, so dass keine Lenkung des Lesers stattfindet. Er muss sich den Inhalt selbst erschließen.

Abgesehen vom ersten und siebten Kapitel sind alle Kapitel ca. 20–25 Seiten lang. Mit vier Seiten stellt das erste Kapitel das mit Abstand kürzeste dar. Es handelt sich um eine klassische Einleitung ins Romangeschehen. Schon die ersten Sätze ziehen den Leser in die Handlung hinein und erzeugen durch den Verweis auf abstrakt bleibende Ereignisse Spannung (vgl. S. 5).

Auf den wenigen Seiten des ersten Kapitels werden aber auch die Hauptpersonen kurz vorgestellt: Joel und sein Papa Samuel. Sowohl die familiäre Situation als auch die folgende Hauptaktivität Joels, die Suche nach dem Hund im Winter 1956, werden angerissen.

Nach dieser knappen Einleitung wird das weitere Geschehen langsam, aber jederzeit spannend entwickelt: die Situation von Joel und Samuel (Kap. 2), die Gründung und Aufgabe des Geheimbundes (Kap. 3), die erste Begegnung mit Ture und Samuels neuer Freundin Sara (Kap. 4), Tures

Situation und sein Handeln im Geheimbund (Kap. 5) sowie Joels Aggressionen gegen Sara und das neue, aggressive Vorgehen des Geheimbundes (Kap. 6).

Höhe- und Wendepunkt bildet das mit 50 Seiten deutlich längste Kapitel. Schon der Umfang weist auf die zentrale Bedeutung dieses siebten Kapitels hin: Joel gerät in zwei tiefe, lebensbedrohliche Krisen (Selbstmordgedanken, Mutprobe). Mit dem Erklimmen des höchsten Punktes der Brücke ist zugleich der Höhepunkt der Handlung erreicht. Danach fällt die Spannungskurve rapide ab. Im letzten Kapitel befreit sich Joel von Tures bösartigem Einfluss und gewinnt ein nie da gewesenes, freundschaftliches Verhältnis zu Papa Samuel.

Eine erste große Hürde auf dem Weg zum Erwachsenen hat Joel mit der Hilfe anderer gemeistert, u. a. mithilfe der Figuren Simon und Gertrud, die Züge märchenhafter, weiser Seelenführer besitzen. Metaphorisch unterstrichen wird die Krisensituation Joels durch die Jahreszeit: Der Roman spielt im Winter, erst einen Monat nach der Befreiung von der Brücke beginnt der Frühling und ein neues Leben ohne den Hund, der unterwegs zu einem Stern ist.

Erzählt wird die Handlung in der Er-Form, allerdings ausnahmslos aus der Perspektive Joels. Dadurch folgt der Leser »hautnah« den Gefühlen und Gedanken Joels. Die Leistungsfähigkeit dieser Perspektive zeigt sich aber auch auf dem Höhepunkt der Spannung: Als Joel sich auf dem höchsten Punkt der Brücke festklammert, erhält der Leser keine Informationen über das Geschehen »an Land«. Erst im folgenden und letzten Kapitel wird der volle Ablauf von Joels Mutprobe deutlich.

Verschiedene Leitmotive ziehen sich durch den ganzen Roman (und durch alle weiteren Joel-Romane):

1. *Seefahrt:* Vater und Sohn träumen ständig davon, (wieder) in See zu stechen. Zeichen dafür sind die erwähnten Seekarten, die Seefahrtserzählungen und das Schiffsmodell »Celestine« in der Küche der Wohnung. Nicht zufällig wird Joel im letzten Roman Seemann, denn das In-See-Stechen gilt seit jeher als Symbol für Aufbruch und Neubeginn.
2. *Sehnsucht nach Mama Jenny:* Die Gedanken und Träume von Vater und Sohn kreisen dauerhaft um ihre Lebensgefährtin bzw. Mutter. Erst als Joel seine Mutter und seine Halbschwestern in Stockholm (im vierten Joel-Roman) kennen gelernt hat, kann er sich vom Vater und von seiner Sehnsucht nach der Mutter lösen und ein eigenständiges, selbstbestimmtes Leben führen.
3. *Suche nach dem Hund:* Der Hund ist unter anderem Ausdruck von Joels Einsamkeit und Produkt seiner Träumerei. Der Junge sucht nach einem Gefährten. Als Joel gegen Ende des ersten Romans selbstbewusster wird und in seinem Vater einen Freund findet, verschwindet nun auch der Hund.

Die Sprache in Mankells Jugendroman ist poetisch und kunstvoll. Zahlreiche wiederholte, manchmal leicht variierte Sätze oder Satzteile nehmen die zentralen Motive eindringlich auf, ohne dass der Text redundant wird. Der Sprachstil erinnert teilweise an amerikanische Autoren wie Ernest Hemingway. Zumeist parataktische Satzkonstruktionen und knappe, klare, präzise Beschreibungen machen den Roman für junge Leser leicht verständlich. Allerdings sind manche Begriffe für heutige Jugendliche nicht gleich verständlich, beispielsweise müsste die Bedeutung von Begriffen wie »Galionsfigur«, »Logbuch« oder auch »Freikirche« geklärt werden. Einen »Geheimbund« kennen zwar viele Leser, doch bedarf gerade ein so nebulöser Begriff der genaueren Erläuterung, um ihn in seiner tieferen Bedeutung zu erfassen.

Trotz der realistischen und konkreten Erzählweise werden manchmal Metaphern eingefügt, die jedoch gut zu erkennen und zu entschlüsseln sind. Beispielsweise wird die Angst Joels so bildhaft beschrieben, dass man sie geradezu spüren und fühlen kann (vgl. S. 119).

Didaktische Überlegungen

Mankells Roman eignet sich ausgesprochen gut als Schullektüre, insbesondere in der 6. Klasse. Dies bestätigt das überaus große Interesse der Schüler an dem Roman. Selbst diejenigen, die sonst kaum lesen, verfolgen Joels Geschichte aus eigenem Antrieb weiter.

Dass der Roman viele Schüler mit teils sehr unterschiedlichen Interessengebieten fesselt, liegt möglicherweise an seiner thematischen Spannbreite und sprachlichen Qualität. Auch wenn vieles in verständlicher Sprache und überschaubarem Satzbau formuliert ist, so lassen sich doch für jüngere Schüler ungewohnte sprachliche Konstruktionen finden, die zum Entschlüsseln herausfordern. Neben Ellipsen oder wörtlichen bzw. leicht variierten Wiederholungen finden sich vor allem Vergleiche oder Metaphern, zum Beispiel in Joels Logbuch, dessen geheimnisvoll wirkende

Einträge die Neugier vieler Schüler wecken (vgl. z.B. Joels Logbucheintrag auf S. 48).

Durch solche codierten Textpassagen oder durch stilistisch kunstvolle Konstruktionen, wie zum Beispiel leicht variierte Wiederholungen und Anaphern, können die Schüler an formal komplexere Literatur langsam herangeführt werden. Falls einige Stilmittel im Zusammenhang mit Gedichten bereits erarbeitet worden sind, können die Vorkenntnisse hier sinnvoll angewendet und erweitert werden.

Mögen die verschlüsselten Logbucheinträge die Neugier wecken, so bleiben vielmehr die vielfältigen inhaltlichen Gesichtspunkte des Romans sicherlich im Zentrum des Interesses. Eingebettet in eine unterhaltsame und spannende Suche nach dem Hund durch Joels Geheimbund werden nämlich zahlreiche Themen behandelt, die gerade für ungefähr 12-jährige Schüler packend und bedeutsam sind: Erwachsenwerden/Identitätssuche, Einsamkeit, Freundschaft, Gewalt, Selbstverantwortung/Selbstständigkeit, Träume, Abenteuer/Geheimbund.

Erwachsenwerden/Identitätssuche

Trotz spannender Handlungsstränge, wie z.B. die Suche nach dem Hund und die Geheimbundaktivitäten, scheint das Zentrum des Romans Joels Erwachsenwerden und Identitätssuche zu sein. Dieses sollte ausgiebig mit den Schülern reflektiert werden, da diese in ähnlichen Konflikten stehen.

Wichtig ist Joels Suche nach einem eigenen Standort im Leben. Dies zeigt sich in der Suche nach seiner Herkunft. Wenn er äußerliche oder charakterliche Ähnlichkeiten zwischen sich und Jenny oder Samuel sucht, will er zugleich mögliche Lebensentwürfe/-wege und auch eigene Begabungen kennen lernen. Er sucht Vorbilder für sein Leben, auch wenn er sich möglicherweise von deren Lebenskonzepten distanzieren wird. Die Möglichkeit der Auseinandersetzung mit Vorbildern ist entscheidend. Diese Funktion übernehmen auch Simon und Gertrud, indem sie Joel bestimmte Lehren ermöglichen oder vermitteln. Joel sieht in diesen beiden Personen Menschen, die sich eine gewisse kindliche Art und Perspektive bewahrt haben. Deshalb versteht er Simon und Gertrud besser als seinen Vater, der immer gute Laune in der Nähe von Sara bekommt (vgl. S. 190 f.).

Einsamkeit

Viele Kinder wachsen heute trotz vielfältiger Medien und Kommunikationsmittel recht einsam auf. Fernsehen und Computerspielen, Chatten und Surfen bieten eben keinen Ersatz für konkrete zwischenmenschliche Beziehungen und für sichtbare menschliche Nähe. Bei zahlreichen Schülern liegen die Gründe für Einsamkeit im häuslichen Umfeld bedingt.

Vor diesem gesellschaftlichen Hintergrund verwundert das Schüler-Interesse an Joel kaum. Auch wenn Joel im Jahre 1956 aufwächst, so erfährt er doch ähnliche Probleme wie heutige Jugendliche. Joel wächst mit seinem allein erziehenden Vater auf und muss früh eine belastende Verantwortung übernehmen. Mittags wartet zu Hause niemand auf ihn, dem er seine Erlebnisse in der Schule erzählen kann.

Durch diese Identifikationsmöglichkeiten mit Joel erfahren die Schüler vor allem, dass sie nicht allein mit ihrer Einsamkeit sind. Anhand der Lektüre und der Unterrichtsgespräche kann das Thema auf anderer, aber spiegelnder Ebene behandelt werden. Möglicherweise eröffnen sich dadurch für die betroffenen Schüler Lösungswege.

Freundschaft

Freundschaft wird in dem Roman eher als schwieriges und konfliktträchtiges Unterfangen dargestellt. Die Vater-Sohn-Beziehung entwickelt sich nur langsam und schleppend zu einem etwas vertrauteren Verhältnis; die Beziehung zu Ture mag Joel anfangs willkommen erscheinen, entpuppt sich aber als lebensgefährlich. Joel lernt bei Ture, wie Freundschaft eben nicht ablaufen darf: als »Herr-Knecht«-Verhältnis. Freundschaft basiert vielmehr auf gegenseitiger Akzeptanz, auf beiderseitigem Helfen und (Be-)Raten sowie Füreinanderdasein.

Die Bedeutung dieses Themas kann für Schüler nicht überschätzt werden. Viel zu leicht geraten viele an so genannte »falsche« Freunde und zugleich auf zerstörerische Abwege.

Gewalt

Gewalt wird in vielen Jugendlektüren als zentrales Motiv thematisiert. Im vorliegenden Roman lässt sich vor allem das komplexe Zusammenspiel von Gewalt und Selbstbewusstsein zeigen. Gewalt wird hier als sehr facettenreiches Phänomen behandelt, neben offener Gewalt wird auch latente thematisiert. So könnten die Aktionen gegen die »nasenlose Gertrud«, eine durch eine Operation missgestaltete junge Frau, auch von manchen als lustige Lausbubenstreiche aufgefasst werden. Doch fällt auf, dass der erste harmlos scheinende Akt (Ameisen ins Haus von Gertrud lassen) geradewegs auf stärkere Gewalteinwirkungen hinausläuft bzw. hinauslaufen soll (Firnissen von Gertruds Johannisbeersträuchern und Abschneiden ihrer Kletterpflanzen). Offenbar sucht Ture in solchen Aktionen einen besonderen Kick. Dies führt schließlich zur Gefährdung von Joels Leben, als Ture diesen zum Übersteigen der vereisten Brücke nahezu zwingt.

Selbstverantwortung/Selbstständigkeit

Selbständigkeit und Selbstvertrauen hängen unmittelbar mit Gewalt zusammen: Joel mangelt es an Selbstvertrauen, so dass er in seinen Handlungen unsicher ist. Leicht gerät er unter Tures Einfluss und wird, ohne sich dessen wirklich bewusst zu sein, gewalttätig. Erst nach der lebensgefährlichen Mutprobe findet er das Selbstvertrauen, sich von seinem »mutigen« Freund Ture zu trennen und selbstständige Wege zu gehen.

Träume

Anhand des Romans lässt sich die Ambivalenz von Träumen aufzeigen. Einerseits lassen sich Joels Träume als Flucht aus seiner trostlosen Situation deuten, die seine Probleme nicht lösen. Andererseits können manche positiv als hoffnungsvolle Lebensperspektive gelesen werden, sie geben Joel ein (vorläufiges) Lebensziel. Tatsächlich wird Joel im letzten Band Seemann.

Abenteuer/Geheimbund

Joels Geheimbund fasziniert sicherlich viele Schüler sehr. So lässt sich ein Unterrichtsgespräch über reale Geheimbünde, wie zum Beispiel über die Mafia oder die Freimaurer, kaum zu Ende führen. Zwar lassen sich zahlreiche Parallelen zwischen »professionellen« wirklichen Geheimbünden und Joels Variante herstellen, doch sollte in diesem Zusammenhang der Unterschied deutlich gemacht werden: Tatsächlich existierende Geheimbünde mögen zwar mysteriös sein, doch sind sie oft gewalttätig und menschenverachtend.

Methodische Anregungen

Einstiegsmöglichkeiten

Zwei klassische Einstiegsstunden bieten sich bei dieser Lektüre an, denn sowohl der Zugang über Titelbild bzw. Cover als auch über das 1. Kapitel vermitteln grundlegende Kenntnisse und Leitlinien des Leseprozesses.

Zum Cover können etwa folgende Aufgaben gestellt werden: Was verbindest du mit dem Titel? Beschreibe das Titelbild! Lies die Rückseite des Buches! Welche Erwartungen hast du nun an den Roman?

Durch die äußere Buchgestaltung werden nahezu alle wichtigen Grundprobleme des Romans angestoßen: Der Titel stellt den Hund ins Zentrum, das Titelbild den Jungen Joel (unter der Brücke) und der Text auf der Rückseite des Buches, neben den genannten Figuren, Joels Vater und Joels

Geheimbund. Insgesamt erwarten die Schüler, dass Joel sowie der Hund auf der Suche nach etwas Unbekanntem sind und dass der Vater eine besonders zentrale Rolle in Joels Leben spielt. Durch die vermutete Suche und die Gründung des Geheimbundes wird bei Schülern Spannung erzeugt.

Eine andere oder vertiefende Einstiegsmöglichkeit bietet das gemeinsame Erlesen und Erarbeiten des 1. Kapitels an. Mögliche Aufgaben wären hier: Welche Personen werden erwähnt? Was wird über diese gesagt? Welche Fragen stellen sich dem Leser?

Beim 1. Kapitel des Romans handelt es sich um eine klassische Einführung in die Handlung. Situation und Merkmale von Joel und seinem Vater, wie z. B. Leben ohne Mutter/Ehefrau und Einsamkeit, werden genannt. Spannung wird vor allem durch die Einleitungssätze erzeugt, in denen wichtige Ereignisse und die bedeutsame Rolle des Hundes nur angedeutet werden.

Lektüreverfahren

Der Roman ist durch die klare Sprache, die wenigen Personen und die übersichtliche Anordnung der Handlung einfach zu lesen. Zu Verständnisproblemen könnten allenfalls Joels Tagebucheinträge und wenige Fachbegriffe (z. B. »Galionsfigur«, »Logbuch«, »Freikirche«) führen, die aber den Lektüreprozess kaum behindern. Viele Schüler, selbst wenig am Lesen interessierte, haben den Roman aus eigenem Antrieb schon nach kurzer Zeit vollständig gelesen. Da dies nicht von allen Schülern geleistet werden kann, sollten sinnvolle Leseeinheiten (zumeist einzelne Kapitel) als Hausaufgabe gestellt werden. Einzelne zentrale Szenen, wie Joels Erlebnis auf dem »See der Vier Winde«, können gemeinsam im Unterricht erlesen werden, um die spontanen Reaktionen einzufangen.

Lektürebegleitende Anregungen

Kapitel 2
Ergänze deine Notizen zum 1. Kapitel. Welche neuen Aspekte erfährst du über Joels und Papa Samuels Leben?

Kapitel 2: S. 11f., S. 20
Beschreibe Joels Träume! Vergleiche Joels Träume und seine Lebenssituation!

Kapitel 3: S. 28–30
Stell dir vor, du bist Papa Samuel! Schreibe einen Tagebucheintrag aus seiner Sicht über sein Gespräch mit Joel!

Kapitel 3
Schlage in Lexikon oder Internet nach, was ein Geheimbund ist. Vergleiche die Merkmale eines »normalen« Geheimbundes mit denen von Joels Geheimbund (z.B. Name, Ziele, Rituale, Mitglieder)!

Kapitel 3: S. 35, S. 38/Kapitel 4: S. 48
Vergleiche Joels Logbucheinträge! Erläutere Joels verschlüsselten Logbucheintrag (S. 48)! Aus welchem Bereich stammen die Begriffe, die Joel verwendet? Warum verfasst Joel seine Logbucheinträge überhaupt in Geheimsprache?

Kapitel 4: S. 63–71
Standbild zur Beziehung zwischen Joel, Papa Samuel und Sara (s. Anhang)

Kapitel 4: S. 52–60/Kapitel 5
Gruppenarbeit zu Joel und Ture
Gruppe I: Erstellt ein Lernplakat zu Tures Charakter!
Gruppe II: Erstellt ein Lernplakat zu Tures Lebenssituation!
Gruppe III: Erstellt ein Lernplakat zu Joels Charakter!
Gruppe IV: Erstellt ein Lernplakat zu Joels Lebenssituation!
Nach der Präsentation der Gruppenarbeit sollen Joel und Ture verglichen werden.
(Bei der Gruppenarbeit sollte eine Binnendifferenzierung vorgenommen werden, denn gerade die Gruppe IV beschäftigt sich fast nur mit reproduktiven Aufgaben!)

Kapitel 5/Kapitel 6
Verfasse einen Dialog zwischen Ture und Joel über Aufgabe, Sinn und Ziel des Geheimbundes!

Kapitel 7: S. 121–129
Male ein Bild zu Joels Erlebnis auf dem »See der Vier Winde«!
alternativ: Nach seiner Rettung von der Brücke unterhält sich Joel mit Simon über sein Erlebnis auf dem »See der Vier Winde«! Verfasse dieses Gespräch!

Kapitel 7: S. 131–135
Schreibe einen Tagebucheintrag aus Joels Sicht über das Gespräch mit seinem Vater!

Kapitel 7: 154–159

Ergänze an sinnvollen Stellen Joels Gedanken zu Gertruds Handlungen und Aussagen!

Kapitel 7: 164–169

Verfasse einen Zeitungsbericht über Joels Mutprobe! Beachte dabei, was ein Reporter überhaupt wissen kann!

Kapitel 8

Welche Veränderungen ergeben sich in Joels Leben nach der Mutprobe? Warum sieht er den Hund nie wieder?
Beschreibe und erläutere das Verhältnis von Joel und Ture (S. 176 f.)!

Nach der Lektüre

- Die Entwicklung zwischen Joel und Papa Samuel sowie zwischen Joel und Ture kann in Koordinatensystemen (s. Anhang) festgehalten werden. Die Ergebnisse können auf dem Overheadprojektor verglichen werden.
- Die Beziehung von Joel zu Papa Samuel und Ture kann auch mithilfe von Standbildern erarbeitet werden, am sinnvollsten in drei Gruppen: 1. Beziehung zwischen Joel und Papa Samuel im 2. Kap.; 2. Beziehung von Joel zu Papa Samuel und zu Ture im 5./6. Kapitel; 3. Beziehung von Joel zu Papa Samuel und zu Ture im 8. Kapitel.
- Erläutere, wo und wie Spannung in dem Roman erzeugt wird!
- Wie verändert sich Joels Leben nach Ende des Romans? Verfasse ein Gespräch zwischen Joel und Simon über Joels neues Leben!

Anmerkungen

[1] Aus Platzgründen werden Berufs- oder Gruppenbezeichnungen in der männlichen Form benutzt, die weibliche ist immer mitgemeint.

[2] Henning Mankell hat insgesamt vier Romane über Joel verfasst. Dem ersten Roman ›Der Hund, der unterwegs zu einem Stern war‹ folgen die Romane ›Die Schatten wachsen in der Dämmerung‹, ›Der Junge, der im Schnee schlief‹ und ›Die Reise ans Ende der Welt‹ (alle bei dtv junior erhältlich). Im zweiten Roman ›Die Schatten wachsen in der Dämmerung‹ (70678) überlebt Joel einen Unfall und will aus Dankbarkeit etwas Gutes tun, und zwar der nasenlosen Gertrud einen Mann besorgen. Im dritten Roman ›Der Junge, der im Schnee schlief‹ (70721) will Joel eine nackte Frau sehen und muss sich um den Vater kümmern, der von Sara verlassen wird. Im vierten Roman ›Die Reise ans Ende der Welt‹ (70726) besuchen Joel und Papa Samuel Mama Jenny in Stockholm und Joel wird schließlich Seemann. Alle Bände können unabhängig voneinander gelesen werden. Der vierte und letzte Roman der Joel-Tetralogie ist neben dem ersten sicherlich der eindrucksvollste und spannendste.

[3] Vgl. dazu: B. Hauck-Bühler: ›Kindheit und Jugend heute‹, in: G. Bovet/ V. Huwendiek (Hg.): ›Leitfaden Schulpraxis. Pädagogik und Psychologie für den Lehrberuf‹, Berlin ^{2}1998, S. 371–386.

[4] Vgl. dazu etwa: H. Daubert (Hg.): ›Gewalt, Mobbing & Zivilcourage‹. Lesen in der Schule mit dtv junior. Unterrichtsvorschläge für die Klassen 5–11, München 2002.

Anhang

Joels Beziehung zu Papa Samuel und Sara

Methode: Standbild
Ein Standbild kann man sich wie ein Foto vorstellen, auf dem man anhand von Körperhaltung (= Gestik) und Gesichtsausdruck (= Mimik) die Beziehung zwischen den Personen erkennen kann. Zum Bauen eines Standbildes benötigt man Schüler in der Rolle des Regisseurs und des Schauspielers. Der Regisseur sucht sich die vom äußeren Erscheinungsbild her geeignetesten Schüler aus und »formt« deren Haltung und Gesichtsausdruck so lange, bis sie die richtige Stellung eingenommen haben.

Standbilder können vor allen Mitschülern entwickelt werden, aber auch in Gruppen. In diesen kann Regie von mehreren Schülern übernommen werden.

Aufgaben:

1.) Baut in Gruppen Standbilder, in denen ihr die Beziehung von Joel, Papa Samuel und Sara darstellt!
2.) Präsentiert und erklärt die Standbilder euren Mitschülern! Diskutiert die verschiedenen Gruppenergebnisse bzw. Standbilder!
3.) Haltet die Ergebnisse im folgenden Bild fest, indem ihr Merkmale von Joels verschiedenen Beziehungen stichwortartig neben den entsprechenden Strichen eintragt!

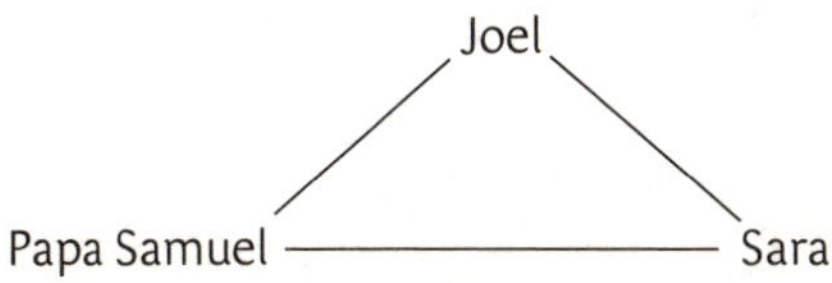

Aufgabe: Beschreibe die Veränderungen der Beziehung zwischen Joel und Ture anhand des folgenden Koordinatensystems!

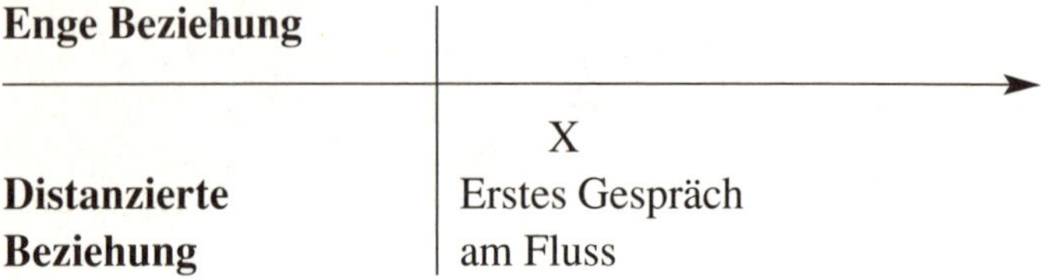

Aufgabe: Beschreibe die Veränderungen der Beziehung zwischen Joel und Papa Samuel anhand des folgenden Koordinatensystems!

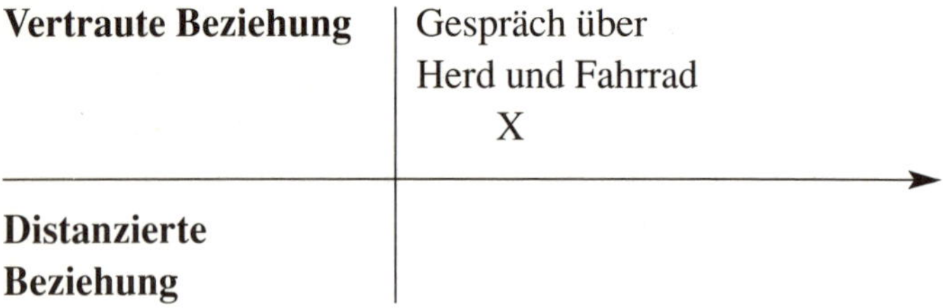

UNTERRICHTSVORSCHLAG 7

WILFRIED WITTSTRUCK

Jerry Spinelli:
East End, West End und dazwischen
Maniac Magee (70727)
Aus dem Amerikanischen von
Andreas Steinhöfel
6.–8. Schuljahr

Magic Magee, der eigentlich Jeffrey Lionel Magee heißt, hat seine Eltern sehr früh verloren. Im Alter von 11 Jahren läuft er von seiner Tante und seinem Onkel, bei denen er aufwuchs, fort. Er ist von nun an existenziell ortlos und – ungeachtet seiner Anstrengungen – überall ein Fremder. Dieses wird ihm in der Stadt Two Mills deutlich, sobald er die Hector Street überquert, eine unsichtbare Grenze zwischen dem von Weißen bewohnten West End und dem Quartier der Schwarzen, dem East End. Hier wie dort lassen ihn die Menschen wissen, dass er am besten wieder »zu seinen Leuten« ginge. Aber gerade das geht nicht. Magee ist ein Junge ohne ein Zuhause. Wie er dieses schließlich doch noch findet und warum er gerade deshalb zum Helden in beiden Stadtteilen wird, davon erzählt dieses Buch.

Themenschwerpunkte des Romans

Zur Vorgeschichte

Im Alter von drei Jahren verliert Maniac Magee, geboren als Jeffrey Lionel Magee in Bridgeport, seine Eltern bei einem Eisenbahnunglück. Bis zu seinem 11. Lebensjahr wächst er im Haus seiner Tante Dot und seines Onkels Dan in Hollidaysburg, Pennsylvannia, auf, umgeben von jeder Menge Einsamkeit. Von der Mauer des Hasses und des Schweigens, die zwischen den Erwachsenen steht, fühlt er sich schließlich so bedroht, dass er, vielleicht aus Angst, irgendwann selbst zu verstummen, den beiden während eines Konzertes von der Bühne aus unvermittelt zuruft: *»›Redet! Redet! Redet doch endlich! Redet! Redet! Redet!‹«*, um sie anschließend für immer zu verlassen. *»Und so fing auch das Rennen an.«* (S.13)

Thema 1: Laufen, um leben zu können

Maniac geht fort, weil er sein Leben retten will. Laufen und (Über-)Leben gehören für ihn bald zusammen. Selbst wenn andere Menschen langsam gehen, rennt er (S. 34). Allein auf sich gestellt und mittellos sucht er Essen, Wohnung, Familie. Allerdings geht er in dem Wunsch, der Sprachlosigkeit und dem Mangel an Wärme und Zuwendung zu entfliehen, just dorthin, wo dieses Übel ihn schon längst zu erwarten scheint. Anfangs war Maniac für die ihm entgegenschlagende Feindseligkeit noch »blind« (S. 60). Doch er begreift schnell, lernt durch das Verhalten anderer ihm gegenüber seine Lektionen. *»Und dann, ganz plötzlich, konnte* *er es doch«* (S. 62): sehen, und zwar den »Hass«, der sich um ihn herum auftürmt.

In Two Mills pendelt er als unsteter Wanderer zwischen dem East End, in dem die Schwarzen wohnen, und dem West End, dem Wohnviertel der Weißen. Das ist höchst ungewöhnlich. Denn dass überhaupt jemand einmal in den jeweils anderen Teil der Stadt hinüberwechselt, kommt nur sehr selten vor (S. 37).

So wie das Laufen für Maniac Antrieb und Ziel des Lebens geworden ist, so vermutet er dieses auch bei dem ersten Menschen, auf den er in Two Mills trifft: *»Was Amanda von ihnen allen unterschied, war der Koffer, den sie mit sich trug, und dieser Koffer war es, der Maniacs Aufmerksamkeit erregte. Er nahm an, sie würde davonlaufen, genau wie er …«* (S. 15).

Nur von kurzer Dauer ist sein Aufenthalt in der Pickwell-Familie im West End. Maniac hat sich mit den Kindern wie selbstverständlich zum Abendessen rufen lassen. Dass da ein Fremder mit ihnen am Tisch gesessen hat, bemerken diese jedoch erst, als er schon längst wieder unterwegs ist, *»und die Pickwell-Kinder mussten blinzeln und zwinkern und die Hände gegen die untergehende Sonne heben, um sicherzugehen, dass sie ihren Augen trauen konnten – denn der Junge lief nicht seitlich der Gleise entlang oder über die Eisenbahnschwellen. Nein, er rannte – rannte –, wo die Pickwell-Kinder selbst, wo jedes andere Kind, wenn überhaupt, bisher nur langsam gegangen war – auf den Stahlgleisen selbst!«* (S. 26).

Nächste Station seiner Wanderung ist das Spielfeld der Little League im West End. Dort bringt er John McNab, den

»Riesen«, den besten Werfer der Baseball-Mannschaft, zur Verzweiflung mit seinem Schlag und seinem fulminanten Lauf (S. 32).

Und wieder ist Maniac auf der Flucht, diesmal vor McNab und seinen Kumpeln, die sich die Kobras nennen. Die Fäuste schüttelnd und Steine werfend verfolgen sie ihn, starren ihm nach und beenden die Verfolgungsjagd erst, nachdem sie ihn über die Hector Street in das East End getrieben haben (S. 35–37).

Kaum hat er einen Fuß in den Stadtteil der Schwarzen gesetzt, bedrohen ihn Marsriegel Thompson und seine Gang: *»›Du willst laufen?‹, grinste Marsriegel. ›Dann lauf. Wir lassen dir einen Vorsprung‹«* (S. 43).

Es ist Amanda, die Maniac zu sich nach Hause mitnimmt. Hier erlebt er zum ersten Mal so etwas wie Familienleben, erfährt, was es heißen kann, Mutter, Vater und ältere und jüngere Geschwister zu haben. Aber auch dann hört er mit dem Laufen nicht auf. Es ist nur anders motiviert als vorher. Es ist nicht mehr Ausdruck von Ziellosigkeit, sondern, jetzt ritualisiert vollzogen, Zeichen eines strukturierten und deshalb gelingenden Alltags: *»Er rannte mit Wauwau um die Wette«* (S. 49), er erhält neue Turnschuhe und *»liebte diese ganz neue Stille seiner Schritte, wenn er Wauwau morgens ausführte«* (S. 53).

Aber bald fühlt er sich wieder vertrieben, als er bemerkt, dass den Beales, »seiner« Familie, wehgetan wird, weil er als Weißer bei ihnen wohnt. Eskortiert von den Kobras auf der einen und der East End Bande auf der anderen Seite der Hector Street, *»genau auf der Mittelspur der Fahrbahn«*, verlässt Maniac Two Mills (S. 80).

Auch sein nächster Aufenthaltsort ist für ihn einer von nur begrenzter Zeit. Sein neuer Freund, der alte Earl Grayson, ehemaliger Baseballspieler und jetzt Hilfsarbeiter im Stadion, stirbt, und Maniac flieht, über die Abgestumpftheit der Erwachsenen verzweifelnd, von der Beerdigung: *»Was auch immer am Ende der nächsten Minute geschehen würde, er wollte es nicht mit ansehen. Also rannte er«* (S. 122).

Ohne zu wissen, wohin er gehen soll, treibt er wieder durch die Stadt: *»Maniac schleppte sich von Stunde zu Stunde, von Tag zu Tag, allein mit seinen Erinnerungen, wie betäubt, ein einsamer Wanderer. Er aß nur, um nicht zu verhungern, wärmte sich nur auf, um nicht zu erfrieren, rannte nur deshalb, weil es keinen Grund zum Stehenbleiben für ihn gab. [...] Tagsüber rannte er, normalerweise in langsamem Tempo. Aber manchmal sprintete er plötzlich drauflos, an die zwanzig schnelle Laufschritte, als wollte er sich selbst hinter sich lassen. Manchmal ging er nur. Er überquerte den Fluss in die eine, dann wieder in die andere Richtung. Er durchwanderte alle Nachbargemeinden und Stadtteile [...]«* (S. 125).

Wieder im East End angelangt, zwingt Marsriegel ihm ein Wettrennen auf: *»›Ich bin schnell. Ich meine, ich bin schnel*-ler *geworden. Hab trainiert‹«* (S. 149). Er ist überzeugt, dass er dem »Fischwanst« nicht nur an Körperkraft, sondern an Schnelligkeit überlegen ist, gerade weil er schwarz ist und weil er den ganzen Stadtteil hinter sich weiß. Doch Maniac, der »Wahnsinnige«, läuft auf eine unglaubliche Art zum Sieg. *»›Er hat ihn mit einem Rückwärtslauf fertig gemacht!‹«*, stellen Marsriegels Kumpel fest (S. 151).

Dieses Rennen hat Maniac nicht nur endgültig zum Helden gemacht, es ist auch der Beginn einer »Reihe vermeintlich zufälliger Zusammentreffen« der beiden Kontrahenten. Jeden Morgen trifft Maniac bei seinen Läufen durch die Stadt mit Marsriegel zusammen, *»trabten sie dieselbe Straßen hinunter, zur selben Zeit mit demselben Weg, doch auf unterschiedlichen Fahrbahnseiten«* (S. 175). *»Sobald der Morgen die Menschen aus den Häusern an die Arbeit trieb, trennten sich die beiden Jungen; dann lief Marsriegel zurück ins East End und Maniac sonst wohin.«* (S. 176)

Letztlich aber ist es nicht der Ruhm, der Maniac antreibt. Er will ein »Zuhause« finden. Zwar wird in ihm der Wunsch, *»mehr zu tun als bloß zu laufen«* (S. 54), schon früh lebendig, aber erst nachdem er East und West End miteinander versöhnt hat, findet er sein Glück und die Ruhe, die mehr ist als lediglich Unterbrechung des Laufens: *»Er wusste, dass jemand ihn wirklich, endlich und für immer nach Hause brachte«* (S. 189).

Thema 2: Die Suche nach einem Zuhause

Maniac wächst in einer sozial inkonsistenten Ersatzfamilie auf. Das vergiftete Schweigen zwischen Onkel Dan und Tante Dot ist für den Jungen so unerträglich, dass er gleichsam aus einer Familie desertiert, um eine Familie zu suchen. Sein altes Leben hinter sich lassend kann er aber erst nach und nach eine Vorstellung entwickeln von dem, was ein Zuhause in umfassendem Sinn sein kann. Der Preis, den er dafür zahlt, ist hoch. Zeitweilig ist er regelrecht »verwahrlost« (S. 14, S. 33, S. 37; vgl. hierzu die Anmerkungen). Die Befriedigung selbst elementarer Bedürfnisse wie Essen, Hygiene, Sicherheit, überhaupt die Erfüllung weiterer Wünsche, wie der Aufbau von Beziehungen, die Erfahrungen von Nähe und Intimität, Verlässlichkeit, Sicherheit und Wärme, hängen einzig und allein von ihm selbst ab.

Auch hat er nie an einem Vater-Modell lernen können, wie sich an seinen spontanen Überredungsversuchen zeigt, mit denen er die gerade acht Jahre alten Brüder Russel und Piper McNab zu einem regelmäßigen Schulbesuch zu bewegen hofft; deren Vater lässt sich so selten zu Hause sehen, dass Maniac denkt: »*Wer ist hier eigentlich die Waise?*« (S. 139):

»*Oh, er drängelte und überredete und verführte und bestach die Jungen das Richtige zu tun. Aber niemals zwang er sie, nie kommandierte er sie herum, nie schrie er sie an. Denn das zu tun hätte bedeutet, sich wie ein Vater zu benehmen, und dafür war er noch nicht bereit. Wie konnte er den Jungen gegenüber als Vater auftreten, wenn es doch nichts gab, wonach er sich mehr sehnte, als jemandes Sohn zu sein?*« (S. 160).

Seine Wanderschaft durch die beiden Stadtviertel kommt einer sozialen Kernbohrung gleich, die verschiedene Formen des Lebens und Zusammenlebens zutage fördert.

Maniac erlebt:

- Paarbeziehungen, in denen sich die Beteiligten so sehr hassen, dass Sprachlosigkeit die einzige Möglichkeit ihres Überlebens ist, so wie die Ehe seiner Tante und seines Onkels, für die als »strenggläubige Katholiken« eine Scheidung nicht infrage kommt (S. 11/12).
- eine Großfamilie, die als eine Art große Ernährungssta-

tion funktioniert und in der auch Fremde stets willkommen sind, wie die Pickwell-Familie mit insgesamt zehn Kindern und Großeltern und Urgroßvater und diversen Freunden, von Mrs Pickwell ihre »kleine Nation« genannt (S. 24 f., S. 157 f., S. 165 f.).

– Wohnungslosigkeit, das Leben auf der Straße, die Erfahrung von Existenzgefährdung und -sicherung. Der Ausschluss von der Teilhabe am menschlichen Leben lässt ihn gezwungenermaßen randständig leben, konkret: Zuflucht nehmen im Wildgehege im Elmwood-Parkzoo (S. 34, S. 83 f., S. 126, S. 173, S. 179).
– Familienleben, in dem der Alltag Ordnung kennt, ohne dass allerdings verbissene Ordnung den Alltag zerstört, so wie bei den Beales, wo die Mutter mit »einem gelben Plastikeimer und einem Schwamm« zwar den Spuren des drei- und vierjährigen Geschwisterpaares nachläuft (S. 45–48), aber die abendlichen Badeplantschereien auch vergnügt beobachten kann (S. 52).
– das Leben in Cliquen, in denen Leidenschaft und Loyalität, Konkurrenz und Dominanz des körperlich Stärkeren eine zentrale Rolle spielen, so wie in den Gangs von Marsriegel und McNab (S. 34–37, S. 38–44).
– ein Zuhause, in dem Kinder verwahrlosen, in dem jede liebevolle Verbindung abgebrochen ist, in dem keine Regeln existieren, in dem einfach alles laufen gelassen wird, so wie in dem Haus, in dem die McNab-Jungen mit ihrem Vater leben (S. 135–139).
– das Leben als allein stehender alter Mensch, so wie Earl Grayson in einem Zimmer im dritten Stock des YMCA von Two Mills wohnt (S. 88).

Auch wenn Maniac die Pickwells für das Beste hält, *»was das West End anzubieten hatte«* (S. 164), zieht es ihn letztlich immer wieder in das Wohnviertel der Schwarzen. Er findet mit den Beales eine Familie, die seiner Vorstellung von Familie am ehesten entspricht. Hier hat er Zufluchtsort und Rückhalt (S. 92). Und: Familie *und* Schule sind es, was für ihn das große Glück bedeuten; Schule allein reicht freilich längst nicht hin (S. 90 f.).

Was heißt es für Maniac im Einzelnen, ein »Zuhause« zu haben?

a.) Eine feste Adresse haben

Nach dem ersten Aufenthalt in der Pickwell-Familie wird das Wildgehege im Elmwood Park für die weiteren Nächte sein Übergangszuhause. An diesem Platz kann er allenfalls sein physisches Überleben sichern. Er ist aber für ihn *»keine Adresse. Zumindest keine offizielle. Keine mit einer Hausnummer«* (S. 34).

Das ändert sich, nachdem er Amanda kennen gelernt hat. Als Amandas Vater ihn abends heimfahren will, *»erklärte Maniac ihm, dass er kein wirkliches Zuhause hatte, es sei denn, man wolle das Wildgehege im Park so bezeichnen«* (S. 47). Dieses Geständnis schließlich bringt ihm für eine kurze Zeit wenigstens das, wonach er sich gesehnt hat. Er darf im Platanenweg 728 bleiben. *»Maniac Magee hatte endlich eine Adresse.«* (S. 48)

Dass dieses ein besonders wunder Punkt seiner aufgerauten Seele ist, weiß auch Amanda, nachdem sie Maniac, in dem Bemühen, ihn zu halten, ein fatales Stichwort gegeben hat: *»Du kriegst keinen Leserausweis ohne eine feste Adres-*

se!« Ungewollt bestärkt sie ihn darin, das zu tun, was sie eigentlich verhindern will: *»Er stand auf, ging nach draußen und lief die Straße entlang«* (S. 69). Und wieder wird das Büffelgehege im Elmwood-Parkzoo sein Zufluchtsort (S. 83).

Maniac hat genaue Vorstellungen, was eine Adresse ist und weshalb eine Schule kein Zuhause sein kann, denn *»du könntest sie nie als Adresse angeben, weil eine Adresse den Ort bezeichnet, wo du übernachtest, wo du ohne anzuklopfen einfach hineingehst, wo alle miteinander reden und denselben Toaster benutzen«* (S. 90 f.).

Dieses alles findet er aber vorübergehend bei dem alten Grayson. Zum Abschluss des Erntedankfest-Essens, in der Hochgestimmtheit, eine »warme Wohnung« *und* eine »kleine Familie« gefunden zu haben, geht Maniac vor die Tür und malt seine Hausnummer daran: *»›Eins null eins‹, verkündete er. ›Eins null eins Tribünen Boulevard‹«* (S. 113). Nach Graysons Tod ist jedoch wieder alles wie früher: *»Bevor er den Baseballraum für immer hinter sich ließ, besorgte er sich Farbe und überpinselte wütend die Nummer 101 an der Haustür«* (S. 125).

Mehr Dach über dem Kopf als Adresse wird dann das Haus der McNab-Brüder. *»Trotz der Kälte stand die Haustür weit offen und Maniac konnte die Wohnung riechen, bevor er sie sah.«* (S. 134)

b.) Den ursprünglichen Namen tragen dürfen

Nicht lange nach seiner Ankunft in Two Mills wird aus Jeffrey Magee Maniac Magee. Seine Heldentaten auf dem Football-Platz, in Finsterwalds Hinterhof und beim Baseball haben sich schnell herumgesprochen. *»Niemand weiß, wo das Wort zuerst aufkam, aber irgendjemand muss es* *ausgesprochen haben: ›Der Kleine muss ein Wahnsinniger sein. Ein Maniac.‹«* (S. 33)

Doch als Ehrentitel versteht der Junge ihn nicht. Offenbar ahnt er, dass ihm mit dem Namen noch das Allerletzte, was ihm gehört, genommen werden könnte. Selbst als Amandas Mutter ihn so anspricht, erklärte er ihr, *»was er jedem erklärte. ›Ich bin Jeffrey. Du kennst mich doch.‹ Denn er hatte Angst davor, seinen Namen zu verlieren und damit das Einzige, was ihm von seiner Mutter und seinem Vater geblieben war«* (S. 56 f.). Und so beharrt er auch darauf, Grayson nicht seinen Beinamen, sondern den ursprünglichen zu nennen: *»›Ich heiße Jeffrey Magee‹«* (S. 87).

Mrs Beale kann ihm aber nur eine eingeschränkte Sicherheit geben: *»›Hier drinnen wird niemand dich anders als Jeffrey nennen. Aber –, sie nickte in Richtung der Tür, – wie es da draußen sein wird, weiß ich nicht‹. Natürlich hatte sie Recht. Zu Hause hat ein Kind seinen ursprünglichen Namen. Aber jenseits der Haustür wird es genannt, wie immer die Welt es zu nennen beliebt«* (S. 57).

Jeder Beiname ist Resultat von Beobachtung, meistens Ergebnis einer Zuschreibung von außen aufgrund einer Bewertung von Eigenschaften und Verhalten, und fungiert entweder als Ehrenname oder als Spottname. Maniac kennt nicht nur den Ehrentitel, sondern insbesondere die vielen Spottnamen, mit denen er im East End beschimpft wird, wie *»Schneewittchen«* (S. 63 f.), *»Bleichie«* (S. 171), *»Bleichgesicht«* (S. 66, S. 147), *»Fischwanst«* (S. 149).

c) Sich überallhin frei bewegen können

Unstreitig kann das Ausprobieren von Wegstrecken und Orten eine kreative Erfahrung sein, es kann Gewinn an Lebenserfahrung bedeuten. Maniacs Wegstrecken, die er kreuz und quer, voran und zurück in Two Mills zurücklegt, sind allerdings nicht Ausdruck von Entdeckerlust, eher von anstrengender und verzweifelter Suche. *»Aus der Vogelperspektive betrachtet hätten seine Wege sich als so hoffnungslos verwirrt dargestellt wie Cobbles Knoten.«* (S. 126) Und: *»Maniac blieb stehen. Er war im Kreis gelaufen. Es war dunkel. Er wandte sich in die eine Richtung, dann in die andere, dachte einen winzigen Moment lang daran, nach Hause zu gehen. Ja, dachte er, es ist Zeit, nach Hause zu gehen. Bis ihm einfiel, dass es einmal mehr kein Zuhause für ihn gab«* (S. 171). Die Stationen, auf die er hingelenkt wird, sind keine selbsttätig gesteckten und erreichten Ziele, sondern seiner Erschöpfung geschuldete, zufällig sich ergebende Rastplätze.

Noch bar ähnlicher Erfahrungen hatte Maniac dem alten Mann im East End auf dessen harschen Platzverweis *»›Zeit für dich, nach Hause zu gehen‹«*, trotzig geantwortet: *»›Ich bin zu Hause.‹«* Die Gegenrede hätte ausgrenzender nicht ausfallen können: *»Der Mann kam einen Schritt näher; er ließ den Arm sinken. ›Du gehst jetzt heim, Junge. Zu Leuten von deinem eigenen Schlag‹«* (S. 64).

Andere, zumal jüngere Kinder möchte Maniac vor diesen schmerzhaften Erfahrungen bewahren. So ist es zu erklären, dass er den beiden McNab-Jungen einen Kompass schenkt. Sie sollen haben, was er nicht hatte – eindeutige Richtungsanzeigen: *»›Er sagt dir, in welche Richtung du dich gerade bewegst‹«* (S. 167).

Maniac überlebt dank seiner Energie, seiner Geschicklichkeit, Klugheit und Furchtlosigkeit, ergänzt um Unbekümmertheit und einen Teil Wirklichkeitsblindheit. Dass der Junge schließlich akzeptiert, ja sogar bewundert wird, und zwar in beiden Stadtteilen, das verdankt er in erster Linie sich selbst, dann aber auch der Lernbereitschaft anderer. In den Begegnungen mit anderen, wie gefährlich sie auch immer waren, hat er sich selbst in eine soziale Umgebung eingebracht und sich darin wiederfinden können. So ist er nicht nur in wörtlichem Sinne heimisch geworden. Er hat die ganze Stadt zu seinem Zuhause gemacht; er erlebt schließlich die Freiheit in sozialer und emotionaler Bindung, kann Individualität in Verbundenheit entwickeln: *»Er wusste, dass er jetzt im Haus der Beales schlafen könnte, in dem der Pickwells oder sogar in dem der McNabs«* (S. 173).

Thema 3: Zum Außenseiter gemacht – Aufmerksamkeit und Anerkennung gewonnen

Die Hautfarbe steht im Zentrum der Wahrnehmung der Menschen in Two Mills. Die Weißen sind den Schwarzen und die Schwarzen sind den Weißen fremd und es ist eben diese Fremdheit und nicht das einfache »Andersaussehen«, die jeden gefährdet, der die Grenze der Hector Street überschreitet. Die einen sind den anderen fremd, weil sie in der Vorstellung des jeweils anderen anders sind und anders handeln.

So leben die Menschen in Two Mills räumlich und geistig in getrennten Welten, indem sie an ihren Vorurteilen festhalten, diese in ihren Reaktionen praktisch wirksam werden lassen und sich damit wechselseitig in der Ansicht bestärken, dass sich hinter dem anderen mit anderer Hautfarbe ein unberechenbares und unheimliches Wesen verberge.

Auf die Vorstellung der Fremdartigkeit reagieren die

Menschen mit Furcht und Ekel. Marsriegels Gang beobachtet Maniacs unbekümmertes Verhalten entsetzt: *»Dieser Junge hatte das Undenkbare getan, er hatte ein Stück von Marsriegels Marsriegel gefuttert. Und nicht nur das. Ein weißer Junge berührte mit seinem Mund nicht, was vorher ein schwarzer Junge mit seinem Mund berührt hatte, ganz gleich, ob das nun eine Sprudelflasche, ein Esslöffel oder ein Schokoriegel war. Und dieser Junge hatte nicht etwa in das andere Ende gebissen. Nein, er hatte genau dort zugebissen, wo eben noch die Spuren von Marsriegels Zähnen gewesen waren«* (S. 39).

Der alte Mann fordert Maniac auf aus dem East End zu verschwinden und wettert:

»›Was passiert, wenn unsereins nach dort geht? Schwarz ist schwarz! Weiß ist weiß! Die Schafe weiden nicht zusammen mit den Löwen. Die Schafe wissen, wo sie hingehören. Zu ihrem eigenen Schlag‹« (S. 65).

Russel und Piper ergötzen sich an ihren *»verzerrten und lächerlichen Vorstellungen von den East Enders«* (S. 154).

Bei Grayson ist der Schock eher nach innen gekehrt und weicht allmählich dem Gefühl der Unsicherheit, als Maniac seine Erfahrungen schildert: *»›Ihr habt aber nicht aus denselben Gläsern getrunken?‹ ›Natürlich haben wir.‹ Diese Neuigkeit schien den alten Mann zu schockieren. Maniac legte seine Gabel ab. ›Grayson, das sind ganz normale Leute, genauso wie wir.‹ ›Ich bin noch nie bei einem von ihnen im Haus gewesen.‹ ›Also, das kannst du mir glauben, die sind genau gleich. Es gibt Badewannen und Kühlschränke und Teppiche und Fernseher und Betten ...‹ Grayson bewegte den Kopf hin und her. ›Na, wenn das nicht schon mal was ist ... Das ist doch schon mal was ...‹«* (S. 93).

Neben dem Bemühen, jemanden zu übersehen und so zu tun, als ob man ihn nicht sehen würde, entspringen auch die Anstrengungen, Begegnung von vornherein zu vermeiden, der Hoffnung, sich selbst und seine Gefühle dem anderen und sich selbst nicht zumuten zu müssen. In diesem Sinne leben die Menschen diesseits und jenseits der Hector Street neben- und nicht miteinander (S. 36/37); die Jugendlichen verbünden sich in Gruppen gegen jene aus dem anderen Stadtteil.

Die Clique ist einer der ganz wenigen Orte, an denen sich auch die Jugendlichen in Two Mills wohl fühlen. Etwa bei den Kobras und in Marsriegels Bande können schon die ganz Kleinen aufgrund bestimmter persönlicher Eigenschaften oder Fähigkeiten die Anerkennung und Achtung finden, die sie anderswo nicht erhalten. Hass auf jeden, der anders ist, wird zum Zusammenhalt stärkenden Band. Die Gang erobert sich über Abgrenzung gegen andere und Ausgrenzung anderer »ihren« Raum. Nach dieser Logik ist Maniac anfangs der Schwache, Hilflose und Fremde. So wird er gesehen, das will man ihn selbst glauben machen. Er ist also nicht per se, als Jeffrey Magee, Außenseiter, er wird erst dazu gemacht. Aber auch um ein – bewunderter – »Maniac« zu werden, bedarf es sozialer Zuschreibungen, so wie im Übrigen auch ein Marsriegel eben nicht per se ein »Irrer« ist, sondern durch Zuschreibung, die in diesem Fall eine Selbstzuschreibung ist, dazu gemacht wird.

Maniac wird in beiden Stadtteilen als Außenseiter beschimpft, bestenfalls als Sonderling belächelt. Er zeichnet sich aber durch etwas aus, was die anderen Kinder aufgrund ihres Eingebundenseins in der Gruppe nur bedingt entwickeln müssen: die Fähigkeit zur Selbstsorge. Bei Strafe des physischen Untergangs ist er gezwungen aus sich selbst etwas zu machen. Er ist zum Handeln gezwungen, um in der Mitte anstatt am Rand der Gesellschaft sein zu können. Wenn er zwischen den Welten wandert, ist er darin durch Kommunikation erreichbar und er erreicht andere durch Kommunikation. Er bringt Menschen dazu, dass sie miteinander sprechen. Insofern haben ihn die schlimmen Erfahrungen, die er mit seinem Onkel und seiner Tante gemacht hat, nachgerade animiert auf das Gespräch als stabilisierender Klammer von Beziehungen zu setzen.

Das Gespräch auf der Grundlage von Mitteilen und Zuhören bewirkt hier Aufhebung der »Blindheit«. Es ermöglicht zu erkennen, dass die Hautfarbe lediglich ein äußerliches Anderssein ausmacht, dass es »dahinter« viele Gemeinsamkeiten gibt. In Maniac als literarischer Figur sind diese Gemeinsamkeiten gebündelt:

Er teilt

- mit Amanda die Liebe zu Büchern. Während Amanda alle ihre Bücher in einem Koffer mit sich trägt, hat Maniac »immer das Buch in der Hand, das er hütete wie seinen Augapfel« (S. 34). Und: Schließlich nimmt Amanda Maniac mit zu sich nach Hause,
- mit James »Hands« Down die Liebe zum Football (S. 19 f., S. 55 f.). Und: Schließlich wählt Hands Maniac in sein Team,
- mit Earl Grayson ähnliche Kindheitserfahrungen (beide sind von zu Hause fortgelaufen) und die Liebe zum Baseball. Und: Schließlich bietet Grayson Maniac ein neues Zuhause und schenkt ihm seine Fanghandschuhe zu Weihnachten (S. 160),

- mit Marsriegel die Liebe zum Laufen: Sowohl Maniac (S. 53) als auch Marsriegel (S. 148 f.) sind stolz auf ihre neuen Turnschuhe; beide sind in gewisser Weise Verwandte der Seele, der eine ein »Wahnsinniger«, der andere ein »Irrer« (S. 39/40, S. 171/172). Und: Schließlich lädt Marsriegel Maniac zu sich nach Hause ein (S. 185),
- mit den McNab-Brüdern Russel und Piper den Drang, hinaus in die Welt zu gehen. Und: Schließlich laden die beiden Maniac zu sich nach Hause ein.

Didaktische Überlegungen

Das Buch erzählt »die Geschichte eines Kindes, [...] die aus einem Teil Tatsachen, zwei Teilen Legende und drei Teilen Wischiwaschi« besteht (S. 8), mithin die Geschichte eines Jungen, der, sozial freischwebend, alles umgreifend und isoliert zugleich die Welt einer in zwei Teile getrennten Kleinstadt entdeckt. Im Mittelpunkt steht ein Junge, der zum Außenseiter gemacht wird, durch besondere Leistungen den Status des Außenseiters wandeln kann in den Status eines Helden, dem Integration auch deshalb gelingt, weil er Fähigkeiten hat, die ihn zum Helden werden lassen, und andere eben davon profitieren, dass sie ihn zum Helden machen können. Zentrale Aspekte des Romans sind die Wanderschaft des Heimatlosen, die Suche nach einem Zuhause sowie das Anders- und Fremdsein.

In mehrfacher Hinsicht ist das Buch damit an Jugendliche adressiert. Lebenslauf, Zuhause, Außenseiter sind für viele Jugendliche Themen von grundsätzlicher Bedeutung; »ihre« Fragen sind etwa: Was wird einmal aus mir? Wo gehöre ich hin? Wie und mit wem werde ich leben/zusammenleben? An der Hauptperson »Maniac« kann nun erläutert werden, dass es wesentlich zum Vorgang des Heranwachsens gehört zu zeigen, was man kann, dass selbst in Situationen, in denen jemandem die Möglichkeit der Selbstdarstellung mit dem Sinn »Ich bin« und »Ich bin wirklich« genommen werden soll, Ressourcen abgerufen werden können, mit denen die Selbstdarstellung dennoch gelingt. Im Anschluss daran könnte aber auch kritisch gefragt werden, was ein Junge täte, der nur Jeffrey, aber kein Maniac wäre, d.h. was geschähe, wenn jemand, der ähnlich wie Jeffrey mit negativ privilegierten Lebensbedingungen umzugehen hat, aber über keine Anerkennung findenden Leistungen verfügt und selbst keine Überlebenskräfte aktivieren kann.

Im Einzelnen lässt sich am Beispiel Maniac Magee erörtern,

- wie jemand durch Lebensumstände gezwungen wird sich zum Gegenstand der Selbstsorge zu machen,
- wie jemand deshalb aufgefordert ist sich »in Bewegung« zu bringen,
- wie jemand seinen Lebenslauf in Eigenleistung gestaltet,
- wie jemand die Optimierung des eigenen Lebens trotz sozialer Benachteiligung, Stigmatisierung und Zurückweisung zu seiner Lebensperspektive macht,
- wie jemand versucht seinen Herzenswunsch zu verwirklichen, »dazuzugehören« (Familie, Baseball- und Football-Mannschaft, Freundeskreis),
- wie jemand zum Außenseiter »gemacht« wird und die

darin liegenden Chancen des Erwerbs von Aufmerksamkeit und Anerkennung nutzt,
- wie jemand Selbstwert und sozialen Status in der Interaktion mit anderen sichert, indem er trotz Widerständen und Anfeindungen und Vorurteilen den Kontakt zu denen, von denen er als Fremder angesehen wird, aufrechterhält,
- wie jemand in der Welt, in der die meisten Menschen ein Zuhause haben, kein Zuhause hat, aber dennoch in dieser Welt heimisch werden kann,
- wie jemandem Individualität und Leben glücken in dem Sinne, dass er existenzielle Gefährdung und Ortlosigkeit überwindet und dann auf Dauer gesichert und verortet bleibt.

Methodische Anregungen

Zum 1. Themenschwerpunkt: Laufen, um leben zu können (Lebenslauf)

Vorschlag für ein künstlerisches Projekt:
Erarbeitung und Inszenierung eines Musicals auf der Grundlage des Buches (eventuell animiert von Songs aus dem Musical ›Porgy and Bess‹) unter Einbeziehung der Fächer Deutsch, Musik, Kunst, Sport
- Festlegung des Hauptthemas und der zentralen Figuren sowie des zentralen Plots (Vorurteile und ihre Ausprägungen in Jugendgruppen unterschiedlicher Nationalität; ein Jugendlicher gerät zwischen die Konfliktlinien zweier Cliquen; ein Jugendlicher auf der Suche nach An-

erkennung: Heldentaten und ihre Folgen) und Erarbeitung des entsprechenden Drehbuches
- Entwicklung eines Inszenierungsplans (vom Probenplan über die Besetzung der Rollen bis zur Werbung für die Aufführung)

Weitere Arbeitsaufträge:
- Schreibe möglichst viele Verben der Bewegung auf. Welche Bewegungsarten, welche Stimmung lässt sich mit welchen Verben am besten zu Ausdruck bringen?
- Stelle einige Laufarten pantomimisch dar. Welcher Gesichtsausdruck, welche Körperhaltung scheint dir jeweils am geeignetsten?
- Stelle eine Liste der Stationen auf, die Maniac gegangen ist, nachdem er das Haus seiner Tante und seines Onkels verlassen hat. Wo ist er wie lange geblieben? Wen hat er kennen gelernt? Warum ist er wieder weitergegangen?
- Erläutere hinsichtlich Maniacs Wanderung, was es heißt: »Er war im Kreis gelaufen«. Wenn dieser Satz als Metapher verstanden wird, was könnte damit gemeint sein? Schreibe Redewendungen und Vergleiche auf, in denen Verben der Bewegung vorkommen. Was soll damit jeweils zum Ausdruck gebracht werden?

Zum 2. Themenschwerpunkt: Die Suche nach einem Zuhause

Vorschlag für ein lebensraumorientiertes Projekt:
Erkundung des Sozialraums/des Quartiers, in dem sich die Schule befindet, unter Einbeziehung der Fächer Deutsch,

Sozialkunde, Pädagogik sowie externer Fachleute aus den Bereichen Sozialpolitik, Sozialverwaltung, Architektur, Städteplanung

- Befragung in der Stadt-/Gemeindeverwaltung und/oder auf der Straße: Aus welchen Ländern kommen wie viele Bewohner des Stadtteils? Wo und wie wohnen sie?
- Befragung von politischen Parteien, Verbänden, Vereinen, Kirchen: Welche Maßnahmen und Projekte zur Beförderung der Integration von ausländischen Bürgerinnen und Bürgern gibt es?
- Besuch von Beratungsstellen für ausländische Bürgerinnen und Bürger: Mit welchen Anfragen und Problemen kommen die Ratsuchenden?
- Besuch von Stadtteiltreffs und Befragung von Sozialarbeiterinnen und -arbeitern: Welchen Nationalitäten gehören die Jugendlichen an, die sich dort treffen? Gibt es Gruppenbildungen? Gibt es Freizeitaktivitäten, an denen Jugendliche aus verschiedenen Herkunftsländern gemeinsam teilnehmen?

Weitere Arbeitsaufträge:

- Beschreibe die verschiedenen Formen des Allein- und Zusammenlebens, die in diesem Buch vorkommen. Wie verhalten sich die Menschen jeweils? Wie gehen sie miteinander um?
- Welche Wohnungswechsel hast du bereits erlebt? In welcher Stimmung, mit welchen Erwartungen, mit welchen Hoffnungen und Befürchtungen hast du sie erlebt?
- Welche Lebensform möchtest du gerne einmal ausprobieren? Welche erscheint dir als eine ideale Lebensform?

– Erkundige dich (Internet-Recherche, Sprach-Lexikon, Rechtswörterbuch), was der Begriff »verwahrlost« meint. Inwiefern lässt er sich auf Maniac anwenden (S. 14, S. 33, S. 37)? (vgl. hierzu die Erläuterungen zum Begriff der »Verwahrlosung«, s. Anmerkungen)
– Über Earl Graysons Wohnung heißt es: »Dann nahm Grayson Maniac mit zu sich nach Hause. Das Zuhause des alten Mannes war der YMCA von Two Mills. Er bewohnte ein Zimmer im dritten Stock. Doch dorthin nahm er Maniac nicht mit.« (S. 88)
  a. Erläutere, was sich hinter der Abkürzung YMCA verbirgt.
  b. Stelle eine Vermutung an, warum Grayson Maniac nicht in sein Zimmer mitnimmt.
  c. Nimm an, die Lektorin oder der Lektor des Verlages fordert dich als Autorin/Autor des Buches auf eine kurze Passage einzufügen, in der das Zimmer Graysons beschrieben wird. Wie würde dieses Zimmer wohl aussehen? Was würdest du wie (be-)schreiben wollen? Schreibe diesen Text.

Vorschlag für ein soziokulturelles Projekt:
Vorbereitung einer Ausstellung zur Praxis und Geschichte von Festen und Stadtteil-Feiern unter Einbeziehung der Fächer Deutsch, Geschichte, Religion, Normen und Werte, Kunst
– Vorbereitung und Durchführung eines Kulturfestes: Wie gelingt eine Beteiligung möglichst vieler Menschen aus möglichst vielen Ländern und Kulturen?
– Vorbereitung und Durchführung einer Kunstausstellung: Welche ländertypischen Alltagsgegenstände und Kunst-

objekte können in dem Stadtteil zusammengetragen werden?

- Vorbereitung und Durchführung einer internationalen Buchausstellung »Fremde Welten«: Welche Originalbücher aus welchen Ländern, welche deutschsprachigen Bücher mit Bezug auf welche Länder lassen sich zusammenstellen?
- Vorbereitung und Durchführung einer internationalen Lesenacht: Wer kann Texte in einer anderen Sprache lesen und für das Publikum übersetzen?

Weitere Arbeitsaufträge:

- Beschreibe die Schwierigkeiten, die Maniac zu bewältigen hat, um an das Ziel seiner Sehnsucht, zu (s)einem »Zuhause« zu kommen. Welche Unterstützung erhält er dabei von wem?
- Was bedeutet es für dich, irgendwo »zu Hause« zu sein oder »heimisch« zu werden?
- Für Maniac haben das Erntedankfest (S. 111 f.) und das Weihnachtsfest (S. 115 ff.) eine besondere Bedeutung. Beschreibe, woran das zu erkennen ist.
- Manic hat zwei ganz unterschiedliche Erntedankfeste erlebt (bei seinem Onkel und seiner Tante einerseits und zusammen mit Grayson andererseits). Dies sind Beispiele dafür, dass Rituale starr befolgt werden können oder aber auch mit Leben gefüllt werden. Erläutere, woran es liegen könnte, dass Maniac dieses Fest einmal so und dann ganz anders erlebt.
- Welche Rituale kennst du? Welche sind für dich lästig, an welchen hängst du? Welche Rituale möchtest du aus welchem Grund gerne bewahren?

Zum 3. Themenschwerpunkt: Außenseiter

Vorschlag für ein Projekt mit dem Schwerpunkt »Sprache, Kommunikation, Interaktion«:
Erkundung des Stellenwerts der Themen »Aggression durch Sprache« und »Ausgrenzung, Außenseiter, Fremde« im Alltag (Familie, Schule, Arbeitswelt, Film, Werbung)

- Vorbereitung und Durchführung einer Podiumsdiskussion in der Schule und/oder Anfertigung einer Spezialausgabe der Schülerzeitung zu dem Thema »Aggression durch Sprache«:
  1. Aggression durch Sprache: Analyse von Talkshows
  2. Schimpfwörter und Beleidigungen – Formen, Abstufungen und Wirkungen: Analyse der Alltagssprache
  3. Beleidigungen: Derbe Späße oder Straftatbestand?
  4. Aufstellung von Klassenregeln: »Do's and Don'ts«

- Vorbereitung und Durchführung einer Podiumsdiskussion in der Schule und/oder Anfertigung einer Spezialausgabe der Schülerzeitung zu dem Thema »Ausgrenzung, Außenseiter, Fremde«:
  1. Fremdsein (in Deutschland): Wer ist warum und für wen fremd?
  2. Von der Wahrnehmung »anders sein« zur Feststellung »fremd sein«
  3. So sein wollen wie die anderen und anders sein wollen als die anderen: wie passt das zusammen?

Weitere Arbeitsaufträge:

- Schlage im Lexikon den Begriff »Vorurteil« nach. Was bedeutet er?
- Welchen Vorurteilen ist Maniac ausgesetzt? Wodurch (ver-)stört er andere? Schreibe zwei Zeitungsartikel über Maniac, einmal mit der Absicht, sein Verhalten in der Öffentlichkeit als bewundernswert und außergewöhnlich, ein anderes Mal mit dem Ziel, es als störend auffällig und ärgerlich darzustellen.
- Welche Vorurteile haben die McNabs gegenüber den Schwarzen? (S. 155 ff.). Erweitere den kurzen Disput zwischen John und Maniac um einen Teil, in dem Maniac das Vorhaben der McNabs, einen »Unterstand für Gewehrschützen zu bauen«, ausdrücklich verurteilt.
- Welche Vorurteile gegenüber wem kennst du? Wie werden Vorurteile zum Ausdruck gebracht? Wie reagieren die, gegenüber denen jemand Vorurteile hat, wenn sie davon erfahren?
- Zeige an Beispielen, ob und welche Rolle die Hautfarbe im Privatleben, Beruf, im Sport, in der Wirtschaft und Politik spielt.

  Im Grundgesetz ist festgelegt: »Niemand darf wegen seines Geschlechtes, seiner Abstammung, seiner Rasse, seiner Sprache, seiner Heimat und Herkunft, seines Glaubens, seiner religiösen oder politischen Anschauungen benachteiligt oder bevorzugt werden. Niemand darf wegen seiner Behinderung benachteiligt werden« (Art. 3 Abs. 3 GG). – Zeige an Beispielen aus dem Alltag, wo dieser Artikel des Grundgesetzes ausdrücklich beachtet oder wo gegen ihn verstoßen wird.
- Erinnere dich an Situationen, in denen dir etwas oder je-

mand fremd war, weil es, er oder sie anders als gewohnt gewesen ist. Wie hast du reagiert? Welche Folgen hatten deine Reaktionen?

- Was kann der Einzelne tun, um nicht zum Außenseiter (in der Familie, in der Schulklasse, in der Nachbarschaft, am Arbeitsplatz, in einem Verein, in einer Partei) zu werden? Welchen Beitrag kann er oder sie leisten, um integriert zu werden?
- Über Maniac heißt es, *»dass das immer währende Pech, das er mit seinen jeweiligen Eltern zu haben schien, ihn den Entschluss hatte fassen lassen, sein Leben besser allein zu leben«* (S. 94).
  1. Finde Belege dafür, dass Maniac in der Tat versucht »sein Leben allein zu leben«.
  2. Erläutere die Begriffe »Alleinsein« und »Einsamkeit«. Wann ist das Alleinsein für dich eine schreckliche, wann eine freudige Aussicht?
- Welche Wirkungen haben Maniacs Heldentaten (S. 19/20, S. 20–24, S. 26–32, S. 71–77, S. 144–153) auf die Menschen in den beiden Stadtteilen, welche Rückwirkungen haben deren Reaktionen wiederum auf ihn selbst?

Anmerkungen

Erläuterungen zum Begriff der »Verwahrlosung«

Mit »verwahrlost« (S. 14, S. 33, S. 37) ist jeweils das in der Originalfassung verwendete Adjektiv »scraggly« (S. 9, S. 28, S. 32) übersetzt. Andererseits findet sich die andernorts genutzte Wendung »kind of scraggly« (S. 23) in der deutschen Fassung als »ziemlich abgemagert« (S. 28) wieder, m. E. eine auch für die übrigen Stellen passendere Übersetzung. Denn »verwahrlost« steht üblicherweise eher für »neglected«, »uncared-for« oder »unkempt«.

Im Deutschen gilt übrigens der Begriff »verwahrlost« seit Jahren als problematischer Rechtsbegriff. Meinem Kollegen Herrn Professor Dr. Wolfgang Bisler danke ich sehr herzlich für die nachstehenden Ausführungen, die er freundlicherweise ausschließlich für diesen Zweck erstellt hat und die ich hier wörtlich wiedergebe:

»Das Grundgesetz kennt im Wortlaut das Verb *verwahrlosen.*

1 Nach Artikel 6 Absatz 3 GG können Kinder auf der Grundlage eines Gesetzes gegen den Willen der Erziehungsberechtigten ›von der Familie getrennt werden‹, wenn die Erziehungsberechtigten versagen oder wenn die Kinder ›aus anderen Gründen zu verwahrlosen drohen‹.

2 Artikel 11 Absatz 2 GG eröffnet dem Gesetzgeber die Möglichkeit, ›durch Gesetz oder aufgrund eines Gesetzes‹ in das Grundrecht der Freizügigkeit einzugreifen, wenn dies ›zum Schutze der Jugend vor Verwahrlosung‹ erforderlich ist.

Der Verfassungsgesetzgeber hat bewusst davon abgesehen, den Verwahrlosungsbegriff zu definieren. Er hat ihn vielmehr so übernommen, wie er durch die Rechtsprechung zu § 56 und zu § 63 des Reichsjugendwohlfahrtsgesetzes (Reichsgesetz für Jugendwohlfahrt) vom 9. 7. 1922 entwickelt worden ist.

Das Jugendwohlfahrtsgesetz in der Fassung vom 6. August 1970 hat diesen Begriff der Verwahrlosung übernommen, und zwar im

Wortlaut von § 64 Jugendwohlfahrtsgesetz als Tatbestandsvoraussetzung für die Anordnung von Fürsorgeerziehung.

Das Jugendgerichtsgesetz vom 4. August 1953 nimmt, ohne den Begriff Verwahrlosung als Rechtsbegriff aufzunehmen, auf Verwahrlosung Bezug, und zwar in § 17 Absatz 2 mit der Formulierung ›schädliche Neigungen des Jugendlichen‹.

Verwahrlosung ist auch hier wie in der Geschichte der rechtstechnischen Verwendung dieses Begriffes überhaupt ein unbestimmter Rechtsbegriff.

Unbestimmte Rechtsbegriffe erfüllen die Aufgabe, schwer überschaubare Sachverhalte ›gesetzgeberisch in den Griff zu bekommen‹. Die Rechtsprechung definiert Verwahrlosung als ›einen dem Erziehungsziel der leiblichen, seelischen und gesellschaftlichen *Tüchtigkeit* entgegengesetzten Entwicklungsprozess, als ein Hinabgleiten in den Zustand der Untüchtigkeit, der eine Gefährdung des Kindes/Jugendlichen/jungen Menschen, seiner Umgebung oder der Allgemeinheit zur Folge hat und der durch erzieherische Maßnahmen nicht behoben werden kann‹.

Der Gesetzgeber hat in der Fassung des Gesetzestextes wegen des diskriminierenden Gehaltes und wegen der historischen, insbesondere wegen der nationalsozialistischen Belastung des Verwahrlosungsbegriffs und wegen des Verzichts auf ordnungsrechtliche Durchgriffe den Begriff der Verwahrlosung im Kinder- und Jugendhilfegesetz nicht zur Anwendung gebracht ohne damit allerdings auf die Kenntnis des Sachverhalts, der seinerzeit dem Verwahrlosungsbegriff zugrunde lag, zu verzichten oder dessen Existenz zu leugnen.

An die Stelle von Fürsorgeerziehung als ordnungsrechtlichem Durchgriff, dessen tatbestandliche Voraussetzung Verwahrlosung war, sind ›Hilfen zur Erziehung‹ getreten.

Deren tatbestandliche Voraussetzungen sind Umstände, unter denen ›eine dem Wohl des Kindes oder des Jugendlichen entsprechende Erziehung nicht gewährleistet ist‹ (§ 27 Absatz 1 Kinder- und Jugendhilfegesetz/Sozialgesetzbuch der Bundesrepublik Deutschland VIII).

Damit knüpft das Kinder- und Jugendhilfegesetz an die Begrifflichkeit des § 1666 des Bürgerlichen Gesetzbuches an und ersetzt den

Begriff der Verwahrlosung durch den Begriff der Gefährdung des Kindeswohls:

›Eine Gefährdung des Kindeswohls liegt dann vor, wenn durch die soziale, psychosoziale oder individuelle Sozialisationssituation, in der sich das Kind oder der Jugendliche befindet, konkret benennbare Schädigungsfolgen wahrscheinlich eintreten werden, so dass die *Nichtveränderung* der Situation eine Gefahr für das persönliche Wohl des Kindes bedeutet. Um schichtspezifische Vorverständnisse des Beurteilens auszuschalten, ist die befürchtete Gefahr bei Behauptung des Vorliegens einer Gefährdung des Kindeswohls konkret zu benennen. Hierzu sind die nach dem gegenwärtigen Stand wissenschaftlicher Methoden und Erkenntnisse abgesicherten Erkenntnisse heranzuziehen‹.«

Unterrichtsvorschlag 8
Hannelore Daubert

Per Nilsson:
So lonely (78134)
Aus dem Schwedischen von
Birgitta Kicherer
8.–10. Schuljahr

In diesem preisgekrönten modernen Adoleszenzroman erzählt ein junger Mann rückblickend die Geschichte seiner ersten intensiven, für ihn enttäuschend verlaufenen Liebesbeziehung zu einem Mädchen namens Ann-Katrin und verarbeitet dabei die schmerzliche Erfahrung des ersten heftigen Liebeskummers.

Zum Text

Der schwedische Autor Per Nilsson hat einen thematisch und erzähltechnisch außergewöhnlichen modernen Adoleszenzroman geschrieben, der 1997 mit dem Deutschen Jugendliteraturpreis in der Sparte Jugendbuch ausgezeichnet wurde. Im Mittelpunkt steht ein 16-jähriger männlicher Protagonist, ein Ich-Erzähler, dessen Name nie genannt wird. Wie einst Goethes Werther steht er vor den Trümmern seiner ersten großen Liebe und scheint zunächst in Verzweiflung und Selbstmitleid zu versinken. Der Roman beginnt mit einer Rahmenhandlung. Bereits das erste Kapitel »Was du gesehen und gehört hättest (1)« weckt die Neugier der Leserinnen und Leser. Sie erfahren, dass in einem Mietshaus zwischen neun Uhr abends und ein Uhr nachts diverse Gegenstände aus dem Fenster geworfen wurden, dass jemand mehrmals hintereinander den Müllschlucker benutzt hat, dass dieser Jemand mit einem Bettlaken in den Keller ging und später an einer Wohnungstür geklingelt hat ohne zu warten, bis sie geöffnet wurde. »Übrigens eine Sache noch! Punkt ein Uhr …«, mit diesem Satz endet das einführende Kapitel, die Erwartungsspannung wird ein weiteres Mal erhöht. »Dritte Person Sing. Mask.« – so ist das folgende Kapitel überschrieben. Gemeint ist damit der männliche Protagonist, der Ich-Erzähler, der von sich in der dritten Person erzählt ohne jemals seinen Namen zu nennen. Für ein Wochenende hat er sich allein in die Wohnung zurückgezogen, die er mit der Mutter und dem »Probevater« bewohnt. Die Eltern sind verreist, er will allein sein, immer in der Hoffnung, dass das Telefon klingeln möge. Für den Fall, dass Ann-Katrin doch nicht anruft, denkt er sogar an Selbstmord. Bedeutungsvolle Erinnerungsstücke an die verlorene Liebe hat er um sich herum versammelt: über die Buskarte von ihrer ersten Begegnung, eine Topfpflanze, unbenutzte Kondome und das Geschenk, das er ihr geben wollte, bis hin zu der fatalen Kinokarte, vom Abend ihrer bisher letzten Verabredung, die für ihn so enttäuschend verlaufen war. Voller Trauer und Wut inszeniert er ein schmerzliches Erinnern und leidet dabei mit Hingabe. Wie in einem Film, dessen Drehbuch er selbst schreibt, durchlebt der junge Mann ein weiteres Mal die Geschichte seiner Liebe zu Ann-Katrin.

Die Kapitelüberschriften stehen für die Erinnerungsstücke, die Leserinnen und Leser erfahren im Verlauf dieses

Erinnerungsprozesses retrospektiv die Geschichte seiner Liebe zu Ann-Katrin, vom Tag ihrer ersten Begegnung bis hin zum schmerzlichen Ende: Der Ich-Erzähler, ein sensibler, eher schüchterner Junge, verliebt sich bei seiner täglichen Fahrt im Bus in die fröhliche, selbstbewusste und auch erfahrenere Ann-Katrin. Es gelingt ihm, sie kennen zu lernen, sie verabreden sich, treffen sich und schlafen miteinander. Der Junge ist glücklich und fährt nur widerwillig für vier Wochen als Austauschschüler in die USA. Voller Sehnsucht träumt er von ihr, schreibt Briefe und Gedichte, und als er endlich zurückkommt, führt ihn sein erster Weg erwartungsvoll zu ihr. Doch alles ist anders als erwartet. Als sie ihm öffnet, ist sie nicht allein, ein junger Mann – eine Urlaubsbekanntschaft – hat offenbar bei ihr übernachtet. Doch der blind-verliebte Junge durchschaut dieses Spiel nicht, die Peinlichkeit der Situation wird ihm erst im Nachhinein bewusst. Stattdessen schließt er sich noch bei einem gemeinsamen Kinobesuch an, um dann am Ende des Abends mit einem Gefühl tiefer Enttäuschung allein nach Hause zu gehen. Schockartig ist ihm klar geworden, dass er überflüssig ist und dass Ann-Katrin ihre Beziehung offenbar ganz anders eingeschätzt hat als er selbst. Er wird krank und geht nicht ans Telefon. Doch Ann-Katrin besucht ihn zu Hause und versucht ihm zu erklären, dass sie ihn gern als Freund zurückgewinnen möchte, als Freund und nicht als Liebespartner, so wie er es gern hätte. Er ist noch immer tief verletzt, traurig und enttäuscht, und dennoch sagt er zögernd Ja, als sie wissen möchte, ob sie ihn nach der Rückkehr von einer Ferienreise mit ihrem Vater wieder anrufen soll.

Am Wochenende ihrer Rückkehr wartet er sehnsüchtig auf ihren Anruf. Er gräbt sich zu Hause ein, um sich ganz seinem Schmerz hinzugeben. Im Verlauf dieses Erinnerungs- und Verarbeitungsprozesses vernichtet er ein Erinnerungsstück nach dem anderen und erlebt dabei schrittweise auch eine Distanzierung zum Geschehen. Letztendlich hilft ihm dieser »Erinnerungsfilm« seine Verzweiflung und Trauer zu verarbeiten und das Geschehene rationaler zu betrachten, eine Art heilsamer Selbsttherapie, die zu der Erkenntnis führt »Es war nur ein Mir-selbst-Leid-tun-Spiel«. Als das Telefon doch noch läutet, hebt er nicht ab, es scheint so, als brauchte er Ann-Katrins Mitleid nicht mehr. Seine Sicht auf das Geschehen und die Beziehung hat sich verändert: er spricht nicht mehr nur in der dritten Person von sich, sondern sagt: »Und irgendwo, irgendwo in einem verborgenen Winkel gibt es ein kleines Wir. Ein kleines Wir, das weiterbestehen darf, was auch immer geschieht. Erste Person Plural: Wir. Ich. Und du. Wir.« (S. 173)

Die Rahmenhandlung der Geschichte wird wieder aufgegriffen, im letzten kurzen Kapitel »Was du gesehen und gehört hättest (2)« erfahren die Leser noch, dass jemand »Ich liebe dich« gesagt hat ohne den Telefonhörer abzunehmen. Die Perspektive für diese Beziehung bleibt offen und das hat etwas Tröstliches. Der junge Mann macht die Erfahrung, dass die schonungslose Aufarbeitung des Erlebten auch eine Voraussetzung und Chance sein kann für neues Glück.

Der bekannte schwedische Autor Per Nilsson nutzt moderne Formen des Erzählens und filmische Elemente auf innovative Weise. Er setzt in dieser Liebesgeschichte Gefühle in ein Spiel mit Sprache und literarischen Strukturen um. Dabei verhindern die knappen Monologe und Dialoge ebenso wie die Vor- und Rückblenden und der Drehbuchcharakter mit den Regieanweisungen ein Abgleiten ins Kitschig-Sentimentale ohne dabei an Eindringlichkeit und Ausdruckskraft zu verlieren. Neben den traurig-schönen Erinnerungen gibt es auch komische Szenen, beispielsweise in der Episode, als der junge Mann versucht ganz cool und selbstverständlich Kondome zu kaufen. Tragikomische Elemente tragen zum Lesevergnügen ebenso bei wie zum Nachvollziehen tiefer Gefühle.

Die Erzählzeit beträgt vier Stunden (von neun Uhr abends bis ein Uhr nachts). Mit dem Wechsel auf die zweite Handlungsebene des retrospektiven Erzählens findet auch ein Wechsel der Erzählperspektive (von der Außen- zur Innensicht) statt, die durchgängig beibehalten wird.

Didaktische Überlegungen

Die Schülerinnen und Schüler der Klassen 8–10, für die sich dieser Jugendroman als Klassenlektüre anbietet, befinden sich in der Regel noch in der sog. »Literarischen Pubertät«, d.h. in der Phase ihrer Lesesozialisation, in der es nach übereinstimmenden Erkenntnissen der Lesesozialisationsforschung zu einem »Knick« im Verlauf der Lesemotivationskurve kommt. Das Interesse am Lesen nimmt rapide ab, auch bei denjenigen, die bis dahin zu den interessierten Leserinnen und Lesern gehört haben. Die subjektiven Leseinteressen der Heranwachsenden (falls es sie überhaupt gibt) und die Lektüreangebote eines traditionellen Literaturunterrichts klaffen zu diesem Zeitpunkt besonders weit auseinander und stellen sich für die Deutschlehrer täglich neu als didaktische Herausforderung. Gleichzeitig weiß man aber auch, dass es in dieser Altersstufe durchaus zu intensiven und prägenden Leseerlebnissen kommen kann, vorausgesetzt, die Lektüre wird als etwas subjektiv Bedeutsames und Identitätsstiftendes erfahren. Dies ist zumeist dann der Fall, wenn sich die Lektüre an den thematischen Interessen der Heranwachsenden orientiert und als hilfreich erlebt wird in der Auseinandersetzung mit aktuellen Lebensthemen und bei der Bewältigung von alterstypischen Entwicklungsaufgaben.

Aus diesem Grund ist der Roman ›So lonely‹ von besonderer didaktischer Relevanz. Thematisch trifft er den Interessen- und Erfahrungsbereich der jugendlichen Leserinnen und Leser: Die erste intensive Liebesbeziehung, der erste heftige Liebeskummer und die Möglichkeiten, ihn zu bewältigen, Fragen unterschiedlicher Erwartungen an eine Beziehung, Eifersucht, das Thema der Selbsttäuschung (»Liebe macht blind«), das Nachempfinden intensiver Gefühle, die Frage, ob es nach einer großen Liebe auch andere Perspektiven für eine Beziehung geben kann, etc., all diese Themen sind für Jungen und Mädchen gleichermaßen wichtig und von großem Interesse. Sie sind gleichzeitig auch Motive der Klassischen Literatur, die man – wie etwa am Beispiel von Goethes Werther – durchaus in Form des vergleichendes Lesens in den Unterricht einbeziehen kann, um Unterschiede und Gemeinsamkeiten herauszufinden.

Mit der Lektüre dieses Romans lassen sich gleich zwei wichtige literaturdidaktische Anliegen realisieren: Die inhaltliche Attraktivität und lebensgeschichtliche Anschließbarkeit tragen zur Leseförderung bei, gleichzeitig wird durch die Auseinandersetzung mit innovativen Erzählstrukturen dieses modernen Jugendromans die literarische Kompetenz der Schülerinnen und Schüler erweitert. Darüber hinaus kann im Vergleich mit einem Klassiker der Weltliteratur (›Werther‹) auch ein literaturgeschichtlich akzentuierter Beitrag zur literarischen Bildung ermöglicht werden.

Doch birgt gerade die Problemnähe und lebensgeschichtliche Aktualität der Thematik auch eine Gefahr: Der Umgang mit sehr persönlichen, intimen Empfindungen und Erfahrungen, wie ihn die Lektüre anregt, erfordert von der Lehrkraft sehr viel Fingerspitzengefühl und Diskretion. Keinesfalls sollten die Schüler zu ihren eigenen Empfindungen und Erfahrungen befragt werden. Ob und wieweit sie eigene Empfindungen und Erfahrungen im Klassenverband und im Rahmen des Deutschunterrichts überhaupt mit einbringen möchten, darf nur ihnen allein überlassen bleiben. Es ist immer auch von der Atmosphäre in einer Klasse abhängig, ob eine Lehrkraft ein Buch mit einer sehr persönlichen Thematik überhaupt als Klassenlektüre auswählt, wobei die Schülerinnen und Schüler unbedingt in diese Entscheidung mit einbezogen werden sollten, oder ob sie vielleicht nur eine Leseempfehlung für die private Lektüre ausspricht.

Methodische Anregungen

Einstiegsmöglichkeiten

Wegen des sehr persönlichen Charakters des Romans empfiehlt es sich, dass die Schüler den kompletten Roman zu Hause lesen. Die Lesemotivation und Erwartungsspannung kann dabei durchaus durch die gemeinsame Lektüre des ersten Kapitels (der Rahmenhandlung) oder auch der ersten beiden Kapitel geweckt werden. Vermutungen über den Inhalt des Romans und über den Fortlauf der Handlung werden sich anschließen. Die vielen Leerstellen regen die Fantasie und Vorstellungskraft der Leser/innen in hohem Maße an: Wovon könnte hier die Rede sein? Was hat das alles zu bedeuten? Wer ist dieser »Jemand«? Was könnte Punkt ein Uhr passiert sein? Ihre eigenen Vorstellungen können die Schüler/innen mündlich äußern oder auch in Formen kreativen Schreibens zu Papier bringen.

Alternativ: Die 16 Erinnerungsstücke könnten auf einem Tisch im Klassenraum verteilt sein und als Anregung für die Vermutungen über den Inhalt der Erzählung dienen.

Anregungen zum Umgang mit dem Text während und nach Abschluss der Lektüre

Die Struktur des Textes legt in besonderem Maße Formen der szenischen Gestaltung und des Perspektivwechsels nahe ebenso wie Entwürfe alternativer Handlungsverläufe an diversen Stellen.

Die folgenden Vorschläge orientieren sich an der Chronologie des Handlungsverlaufs und enthalten Anregungen zur szenischen Gestaltung (als Rollenspiel, Stummfilm, Pantomime, Hörszene), zur Perspektivübernahme, zum kreativen Schreiben, zum Entwurf alternativer Handlungsverläufe und zum literarischen Gespräch.

- Szenische Gestaltung: Spielt die verschiedenen Stationen der Begegnung zwischen den beiden Protagonisten in einzelnen Szenen nach. Dies kann in Form eines Rollenspiels, einer Hör- oder einer Videoszene (denkbar auch als Stummfilm) geschehen.

- Die zentrale Szene »Herztrost und er und er« (S. 118 ff.) ist in Form eines Filmskriptes geschrieben, in dem drei Personen auftreten. Ergänzt diese Szene durch innere Monologe und weitere Dialoge, stellt sie anschließend szenisch oder in einer Hörfassung dar.

- Kinobesuch im Kapitel »Ehem. Herztrost« (S. 134 ff.):
  - Stellt den Kinobesuch in unterschiedlichen Versionen szenisch dar.
  - Erzählt den Verlauf des Nachmittags und Abends aus der Perspektive von Ann-Katrin.
  - Macht einen Entwurf für das Gespräch, das die vier Jugendlichen noch vor dem Kinobesuch beim Italiener geführt haben könnten, und setzt es szenisch um.
  - Entwerft ein Gespräch zwischen Ann-Katrin und Hans-Peter (oder Ann-Katrin und ihrer Freundin) nach dem Kinobesuch und setzt es szenisch um.
  - Am nächsten Tag: Ann-Katrin und der Ich-Erzähler sprechen sich aus. Führt dieses Gespräch.

- Im Kapitel »Ann-Katrin, ehemals Herztrost, dringt ein« (S. 157–168) erfahren die Leser etwas über Ann-Katrins Erwartung an die Beziehung:
  - Ann-Katrin sagt: »Ich hatte mal einen Freund und der fehlt mir jetzt.« Worin unterscheiden sich die Erwartungen der beiden an ihre Beziehung?
  - Kann nach eurer Meinung aus einer Liebesbeziehung eine Freundschaft werden?
  - Der Junge fordert Ann-Katrin auf ihm einen Brief zu schreiben (S. 160). Schreibt diesen Brief.
  - Ann-Katrin erzählt ihrem Vater auf der gemeinsamen Reise von ihrer Beziehung zu dem Jungen. Wie könnte das Gespräch verlaufen?

- Nach Beendigung der Lektüre:
  - Stellt euch vor, der Ich-Erzähler nimmt doch ab, als das Telefon nachts klingelt. Wie verläuft das Gespräch?
  - Schreibimpuls: »Am nächsten Tag …«
  - Schreibimpuls: »Zehn Jahre später …«

- Bezug zu Goethes ›Werther‹ (Vergleichendes Lesen): Die Kinokarte hat der Junge in ein Buch von Goethe gelegt mit dem Titel ›Die Leiden des jungen Werther‹ (S. 133). Besorgt euch das Buch und versucht herauszufinden, welche Bedeutung es für den Jungen in dieser besonderen Lebenssituation haben könnte. Versucht Unterschiede und Gemeinsamkeiten zwischen dem jungen Werther und dem Erzähler in ›So lonely‹ herauszufinden.

Weiterführender Hinweis:
In ›Praxis Deutsch‹, Heft 173/ Mai 2002 (Thema: Vergleichendes Lesen), Erhard Friedrich Verlag, Seelze, S. 33–40, findet sich ein Unterrichtsmodell für die Klassen 8–10 von Sabine Vollprecht: »Altes Liebes-Leid in neuer Zeit. Ein Vergleich des modernen Jugendromans ›So lonely‹ von Per Nilsson mit Goethes ›Werther‹«.

Hinweise für Lehrer

Lehrerprüfexemplare

Sofern Sie an einer allgemein bildenden Schule tätig sind, können Sie dtv-Taschenbücher für die Schule als Lehrerprüfexemplare mit 20% Ermäßigung beziehen, um zu prüfen, ob sich die Titel für die Einführung als Klassenlektüre eignen. Die betreffenden Titel sind in unserem Gesamtverzeichnis mit einem (L) hinter der Bestellnummer gekennzeichnet.

Der Bezug der Prüfexemplare ist sowohl über Ihren Buchhändler als auch direkt beim Verlag möglich.

Bestellungen von Klassensätzen richten Sie bitte an den Buchhandel. Bitte berücksichtigen Sie, dass Ihr Buchhändler einige Arbeitstage Zeit braucht, um Ihre Bestellung zu erledigen.

Die Bestellung von Prüfexemplaren muss mit einem Schulstempel versehen sein. Bitte vermerken Sie auch Ihre Fächerverbindung.

Einen schnellen – nach Themen geordneten – Überblick über das dtv junior-Programm bietet die ›Themenliste dtv junior‹. Diese finden Sie im dtv junior Gesamtverzeichnis oder im Internet unter www.dtvjunior.de.

Preisänderungen sind vorbehalten.
Stand: Februar 2004

Schulstempel

dtv

Hiermit bestelle ich folgende
Lehrerprüfexemplare aus dem
Deutschen Taschenbuch Verlag
Postf. 400422, D-80704 München

Bitte ankreuzen

Band-Nr.	X	Autor/Titel
70771		DiCamillo, Winn-Dixie
70718		Zeevaert, Mehr als ein Spiel
70627		Lembcke, Als die Steine noch Vögel waren
70635		Haddix, Schattenkinder
70759		Koss, Vorsicht Freundinnen!
70671		Mankell, Der Hund, der unterwegs zu einem Stern war
70727		Spinelli, East End, West End und dazwischen Maniac Magee
78134		Nilsson, So lonely

Name und Anschrift

....

....

Ich unterrichte die Fächer

....

....

Datum Unterschrift

....